JN078395

落語で資本論

世知辛い資本主義社会のいなし方

立川談慶
監修・解説 的場昭弘

日本実業出版社

序章のようなまえがき　立川談志はマルクスだった⁉

「『資本論』を落語で読み解けませんかねえ？」

日本実業出版社の編集者の松本幹太さんと飲みながら、かような会話で盛り上がった翌日、「マルクス研究者の的場昭弘先生を紹介します」という電話をもらうことになりました。

いやあ、参りました。「カタギの編集者はシャレがわからんなあ」と嘆くも、ま、ものは試しとばかり、的場先生に会いに神奈川大学に行くと、「まあビールでも」という流れになり、近場の居酒屋で飲むほどに酔うほどに、的場先生とは同じ慶應義塾大学経済学部の卒業生で、学生時代のゼミの高山隆三先生（農業経済論）とも懇意ということがわかり、さらには的場先生の気さくなお人柄にも触れることになり、「じゃあ、やってみましょうか」と「安請け合い」をすることになりました。

そうなんです。

いままで私は、「安請け合い人生」をひた走ってここまで来たのです。

そもそも落語家になろうと決意したことも、実は「安請け合い」というか大きな勘違いからでした。

大学四年の時に落語研究会副代表だった私は、「慶應名人会」という四年生の落語会にて、古典落語「寝床」の改作「ヤッちゃんの寝床」を口演しました。

オリジナルの「寝床」は「とある大店の主人が義太夫に凝ってしまい、お店を借りている小間物屋、提灯屋が、主人から聞かされる義太夫に辟易し、それを断るのに難儀する」という噺です。

改作というのは、大店主人の主人公を「暴力団の組長」に変換して、その組長が凝ったのが義太夫ではなく、「青年の主張」（一九五五～一九八八年度にわたり、「成人の日」にＮＨＫテレビで全国放送をしていた）と大幅に焼き直したからです。

――刑務所内のテレビで「青年の主張」を観た組長は、自分の来し方を振り返るほどに反省と感動とをしてしまい、出所後、傘下の組員らに「一本気だった私のヤクザへの道」と題した「青年の主張」を聞かせまくるようになり、総会屋やテキヤら下部組織の構成員たちが異様に困惑する――。

――「テキヤはどうした？」「テキヤは明日が西新井大師の縁日だそうで、なんでも、タコ焼きを二〇〇人前作らねばならず、本日はお断りしたいとのことでした」などと古典のストーリーのパロディが続きます――。

この改作落語を口演したころは、お客さんといっても、自分で集めた身内の学生が中心でしたが、それでも観に来ていた古いＯＢの中には絶賛してくださる方もいて、ライブ録音も鮮明に録れていたので、思い切って談志の事務所「立川企画」に郵送してみたのです（素人は本当に怖いもの知らずです）。

その後、すぐ立川企画の松岡由雄社長から電話があり、「一度会わないか」という流れで、貧乏学生が焼き肉をご馳走してもらうことになりました。

その席で、「面白かった」「君には才能がある」「これからの落語界はオリジナリティが基礎になる」「前座修業という徒弟制度があるが、うちの若手の志らくなどは一年でクリアしようとしているから、君にも可能だ」などと歯の浮くような甘い言葉の連続に、弟子入りをまさに「安請け合い」してしまったのです。

その後、地獄の前座修業九年半という壮大なスケールのオチが待っていたことは、これまでたくさんの本に書いてきた通りです。

そして、今回の的場先生を前にしての松本さんの提案に対する持ち前の「安請け合い」精神発揮なのであります。

「『資本論』と落語では、時代も背景も成立過程もまったく違うじゃないか。経済学と江戸文化とが交わり合うわけないだろ」と自分自身に突っ込みますが、「いや、まったく性質の違うもの同士だからこそ、現代、そして未来につながるのではないか」と妙な自信というか、根拠のない予感と期待が芽生えてもいました。

自分自身でこの先どうなるかわからない展開にウキウキしてきたのです！

そして、一つの強引な仮説を打ち立ててみることにしました。

「立川談志は落語界のマルクスだったのではないか」と。


マルクスの言葉に**「すべては疑いうる」**というのがあります。

弁護士の父親を持つ家に生まれたマルクスは、持ち前の批判精神を発揮し、まずはジャーナリストとしての才能を発揮しますが、行く先々で問題を起こし、その後、転々とします。

まさに談志も、「新聞で正しいのは日付だけだ」と言い放って、寄席で爆笑をさらい、落語界の異端児・天才児の名をほしいままにします。

マルクスの主幹していた「ライン新聞」で、談志がかような発言を繰り出したらどうなっていたかと想像するだけで笑いがこぼれてきそうな感じがしますよねえ。

談志も、人一倍気難しい人でした。

一度「お先に失礼します」と言って「お先に失礼させていただきますだろ、バカ野郎」と、怒られたことがありました（機嫌も悪かったのでしょう）。

が、価値観を共有すれば、本当にわかりやすい人でもありました。自分が前座突破に九年半もかかったということは、「価値観がなかなか共有できなかったから」とも言えるわけで、ますますその面倒くささがマルクスとかぶるような感じがしてきました。

マルクスは、世の中のあらゆる前提を疑い、批判の筆鋒を向け、大英図書館に通って書物を漁りまくり、後に『資本論』を著すに至ります。

談志も十代で時の演芸評論家から絶賛され、売れまくり、マスコミ界の寵児となり、国政にまで進出し、「伝統を現代に」を標榜し、ついには落語協会を脱退し、自ら家元を名乗る「落語立川流」を設立しました。そんな談志の理念の一つが、**「落語とは人間の業の肯定である」**という歴史的な落語の定義であり、これをはじめとするいくつもの落語の理論化を打ち出しました。

マルクスと談志、落語と『資本論』。

まったく異質なものですが、あえて無理やり共通項を見出そうとすると、「人間のシステムエラー大全」ではないかと思います。

大学三年で高山先生の農業経済論のゼミに入り、『資本論』を初めて手に取りはしたものの完全に挫折したのですが、辛うじてわかったのは、マルクスは『資本論』の中で「資本主義の不完全さ」を訴えていたのではないかということでした。

浅学非才を承知であえて言うならば、「資本主義とは人間の労働が利潤の本質になるシステムで、そこから搾取することで資本家は資本を増幅蓄積する。失業も恐慌も資本主義なればこそ。オートメーション化を推進するのは労働者の肉体的な負担の軽減のためではなく、あくまでも利潤が目的である。失業者が増えれば増えるほど、ますます労働力を安く買い叩けるようになるので、資本家にとってはメリットしかない」という感じでしょうか。

「受肉」という言葉に代表される聖書由来のレトリックなど、独特の言い回しを駆使しているので、とにかく読みにくく、「これは労働者階級に理解されると、とんでもないことになる」と判断した時の為政者たちが、あえて難しすぎる日本語訳を付けたのではという見方すらしていました（そんな話を以前、経済思想史家の白井聡先生との対談で披露したところ、一笑に付されました）。

かたや落語はわかりやすく、笑いとともに伝えられてきた、とても親しみやすいものですから、定義するほどのものではないと思えますが、談志の定義が教えるのは、そんな軽いものではありませんでした。

「人間なんてもともとダメなものだ。眠くなれば眠っちまうし、飲むなと言っても飲んじまうもの。酒が人間をダメにするわけじゃない。人間なんてもともとダメなものだということを、酒が教えてくれるんだ」と言い切りました。まさにこれこそが「業の肯定」なのであります。

「人間の愚かさ」を経済方面で理論化したのが『資本論』ならば、同じものを生活哲学にまで極めたのが「落語」ではないでしょうか。

人間の本質を分析したのが古典であるならば、『資本論』は一八六七年にその第一巻が出た古典であり、落語は一七世紀の江戸時代から伝わるやはり古典であります。

ともに古典同士、人間を見つめてきたもの同士であります。

またまた過去を振り返ります。

「『資本論』なんて古くさいよ」と正直思ったのは、一九八七年の大学四年の就職シーズンでした。

世はまさにバブルの始まりの時期。株価がどんどん上がり、「都銀に就職できれば絶対安泰」などという神話が飛び交っていました。女性たちのファッションは、ワンレン・ボディコンという企業戦士たちに媚びるようなスタイルが持てはやされていました。カネもなく、容姿に優れているわけでもなく、体育会系のような迫力や気遣いもない私は、モテないままでした。同世代の女性たちが、そんな私とは正反対の勢いのある男たちになびいていくのを指をくわえて見つめることしかできないでいました（大学時代に、恋愛関係で楽しい思い出はさほどありませんでした）。

ただこんな私でも当時の好景気からか、企業の人事部は人を見る目がないのか、一部上場企業のワコールに入社することができました。大した覚悟も、気構えも、将来の生活設計もないまま内定が決まった私は、ゼミで高山先生がたまに口にする**「このままの好景気が続くわけはない」**という、いま思えば警句のようなつぶやきにも懐疑的でした。「もうマルクスは古いよね」「ああ、近経（近代経済学）の勝ちだね」などと、都市銀行に決まった友人らと話していたものでした。

その後――。

卒業してから三年後のバブル崩壊の年と言われている一九九一年に、私は立川談志門下に入門しました。前座修業とは耐乏生活を意味します。大学の同期らが上場企業で昇進し、結婚していく中、私はずっと前座のままでした。その間、山一證券、そして都銀の北海道拓殖銀行が潰れました。

歩みののろい私は、二〇〇〇年に二つ目に昇進、その年に結婚し、二〇〇一年、二〇〇三年と二人の男の子に相次いで恵まれ、二〇〇五年に一四年かかって真打ちに昇進することができました。

世間の景気に背を向け続けてきた時期と、私が落語家を名乗った期間とが見事に一致します。

そして、注目すべきは、私がワコールを退職して以降の日本経済は、ずっと底辺のままであります（ここ三〇年で景気がよくなっていない国は、先進国では日本だけと判明しました）。

そこに二〇〇八年のリーマンショックがさらに追い打ちをかけます。このころから非正規雇用が増え、「年越し派遣村」「派遣切り」「ワーキングプア」などという言葉が使われ始めました。その後さらには、二〇一一年の東日本大震災、安全だと信じられていた原発の爆発、そして二〇二〇年からの新型コロナウィルス蔓延によるいっそうの経済停滞……。

高山先生の墓前にお詫びに行かなければなりません。マルクスはきっと、談志の口調を借りてこう言うでしょう。

「ほーら、みやがれ、俺の予想した通りだろ」と。

『資本論』の一節（第一巻二三章）には、こんな記述もあります。

> ……したがって一方の極における富の蓄積は、同時にその対極、すなわち自分自身の生産物を資本として生産している側における窮乏、労働苦、奴隷状態、無知、残忍化と道徳的退廃の蓄積である。
>
> 池上彰『池上彰の講義の時間　高校生からわかる「資本論」』

難しいことを言っているようですが、超訳しますと、**「生活苦からモラルハザードが起こるぜ」**ということではないでしょうか。「持続化給付金詐欺」で捕まった若い世代の犯人を見ていると、彼らに好景気を体験させてあげられなかった上の世代にも、ある意味責任があるのではないかとすら感じます。

一五〇年以上も前に書かれた『資本論』の描く通りになっているこの国の経済状況を憂いながら、マルクスの言わんとしていたところを探らんと、落語の演目や談志の言葉をまぶしつつ、蛮勇を奮ってわかりやすい談慶流の『資本論』読解をご披露したいと思う所存であります。

長講、一席お付き合い願います。

あ、それと、今回、的場昭弘先生からの「注釈」が時折、理論的なツッコミとして入っています。**「的場スコープ」**と銘打っていますが、そちらを読みながら読み進めてもいいですし、いったん本文を全部読んでから、そちらを読んでもいいかと思います。専門家からの愛情あふれるコメントとしてお楽しみください!

では、よろしくお願いします!

立川談慶『落語で資本論　世知辛い資本主義社会のいなし方』もくじ

第3章 価値（ねうち）

第4章 貨幣（カネ）

第5章 環境（いのち）

デザイン・萩原睦（志岐デザイン事務所）／写真・片桐圭
イラスト・立川談慶／DTP・一企画

資本論を落語で
俺の話を聞け!だと!?

カール・マルクス

康

第1章 労働（はたらく）

極めてりっぱな一工場主が私に言った、「もしあなたが、毎日わずかに一〇分の超過時間だけ労働させることを、私に許すならば、あなたは年々一〇〇〇ポンドを、私のポケットに入れるのだ」と。「一刻一刻が利得の要素である。」

マルクス『資本論』第一巻八章

落語は「資本主義の到来」を予感していたのではないか

落語の魅力を一言で言うとなんでしょう？

ずばり言うならば「爽快感」ではないかと最近とみに思っています。笑いとともにオチで「腑に落ちる」感は、うまくハマるとお客様も思わずため息が漏れるほどの一体感となります。これはライブならではで、とても楽しい瞬間であります。

もともと落語が作られた江戸時代は、いま以上にストレスフルなコミュニティでした。よく誤解されがちなのが、「江戸は人当たりが大らかで、のんびりしていた」という漠然としたイメージです。主として「昔はいまよりよかった」という懐古主義的な考え方と相まって一般的に流布していますが、これは実は大きな間違いです。

だって、「八百八町」という、いまの東京二三区よりずっと狭いエリアに、当時世界最大人口の一〇〇万人を抱えていたのですから。武士の人口がおおむね五〇万人で、町人が五〇万人という半々でしたが、総面積に占める武家屋敷の割合が七〇％ですので、残りの三〇％しかない場所に五〇万人の町人が住んでいたということになります。

このコロナ禍ですっかり定着した感のある「密状態」が、江戸のデフォルトでありました。

「火事と喧嘩は江戸の華」という言葉がありますが、密集地帯ゆえのマイナス状況を粋がって、強がって、「華みたいなものさ」と言い切っていたやせ我慢が、江戸っ子の美学だったのです。

ですから、たまに「談慶さんは江戸時代に生まれたかったですか？」などと言われることがありますが、私の答えは「ＮＯ」です。

夏は暑く、冬は寒く、家屋の壁なんかが薄っぺらで隣の家の声は丸聞こえ、しかも汲み取り式の共同便所での生活。さらには男女比がおおむね「七対三」ですから、男性は結婚できない可能性が高い――といった時代の暮らしを強制されて何が楽しいのでしょうか。

翻って今日は、おかげさまでローンが若干残っているとはいえど、さいたま市に一軒家を構え、夏にはクーラー、冬には床暖房があり、カミさんと私立大学に通う二人の息子に囲まれていますので、これ以上のアメニティはないものと喜びを感じる日々であります。

さて、ではそんな江戸っ子たちの優れていた点は何かと考えてみましょう。

想像するに、かようなストレスフルなコミュニティだからこそ、**異様なまでに「他人を気遣う感受性が発達したこと」**ではないでしょうか？

密集地帯ゆえ、「火事と喧嘩」は命に関わります。この二つを未然に防ぐように、健気に振る舞っていたのではないかと想像します。そんな地道な積み重ねがコミュニケーション能力をアップさせてゆき、「相手の顔色をうかがう」ことが当然となり、日本人らしい「忖度（そんたく）」というセンスを増幅させていったのです。

そうなのです。この**「忖度」こそが実は落語の肝**なのです。

落語は、他の演劇などでは必須とされている音響や照明などの舞台装置を一切必要としない、しかも座ったまま、一人で語るという特殊な芸能です。落語において発信されるのは、落語家の語りと顔の表情と手振りだけです。この限定された要素から話が進んでいくのですが、それを下支えしているのは「お客さんの想像力」なのです。

「こんちわ、ご隠居さんいらっしゃいますか」

「おや、なんだい、誰かと思ったら八っつぁんじゃないか。まあまあお上がりよ」

と落語家が言った瞬間から、お客さんは、「ああ、八っつぁんという比較的若めの男が、ご隠居さんのお宅を訪れたんだな」と解釈します。うまい落語家になると、この瞬間にも長屋の間取りが見えてきて、ご隠居さんの家の長火鉢や、その傍にある湯飲みなどの細かい小道具すら見えてくるように感じられます。

自分も落語を聞き始めの時分に、談志の師匠である先代・柳家小さん師匠の落語で何度かそんな経験を堪能したことがありました。

ある意味「忖度の極致」です。忖度とは、相手のことを先回りして気を利かせるというような行為全般を指します。昨今では、権力を有する政治家や会社などの上役に対して、その政治家や上役が具体的には指示していないことを、こちらでその意を汲んで一足早く行動を起こしてしまうという、官僚や下役のよろしからぬ言動を指しますが、もともとは先回り的な差配のことです。

つまり、忖度とは、「次はどうなるのか」を準備して待ち構える落語を聞く際のお客さんの基本姿勢なのです。その予測通りに話が進むと、お客さんは安心して笑う。これが落語の醍醐味であります(これを〝マンネリズム〟とも言います)。

映画『男はつらいよ』で、「くるまや(とらや)」のおいちゃんと隣のタコ社長とが、寅さんの悪口を言っていると、観客が「そろそろ寅さんが帰って来るぞ」と期待するあの高揚感(そしてそれがその通りになることで発生する解放感)はまさに落語のマンネリズムそのものです。

ここで私は、ふと思うのです。落語をたしなむことで鍛えられた、日本人のこの忖度による予感力こそが、資本主義の到来を予知していたのではなかったか、と。

いくぶん飛躍がすぎるかもしれませんが、まあ、お聞きください。

「落語のテーマは飢えと寒さである」とは談志の定義です。お江戸の町衆は、飢えと寒さを互いにを分かち合いながらも、金儲けに走るような人間を唾棄します。

「大工調べ」という落語のマクラにこんなのがあります。

「おい、あの半公の野郎、読み書きができるんだとよ」
「とんでもねえ野郎だ」
「おまけにそろばんも弾くとよ」
「だから勘定高いんだ」

江戸の職人の学問には頼らない気風の良さと、余計なカネをきっぱり拒否する清潔さを強調するのが「大工調べ」の噺の骨子ですが、「飢えと寒さ」をテーマにしておきながら、そこから抜け駆けするかのような「銭を貯め込んだり、金儲けに走ったりする奴」を心底バカにします。

「宵越しのカネは持たない」という、粋というか強がりが、江戸の経済を回します。そして身の丈以上のカネを抱えるような人間を忌み嫌います。こうした価値観は、「朱子学」という民衆の身分を固定化させる学問を幕府が奨励したことで、いっそう固定化されます（寛政年間の「寛政異学の禁」で朱子学以外の学問が禁止になったことにより、さらに強化されます）。

ここで改めて考えてみましょう。

金儲けや金持ちを、照れも含めて拒絶することを良しとするスタイルと、先回りするセンスの「忖度」とが掛け合わされていくと、金持ちや金儲けを社会全体で拒絶するような空気感が代々にわたって醸成されていったのではないでしょうか？

まして三〇〇年近く、こんな時代が続きます（「ご先祖様に申し訳ねえ」と言うことで、さらに増幅されてゆくのです）。

さあ、ここです。

ここに、江戸時代終了後に現れる資本主義を想定してみましょう。資本主義とは一言で言えば、「労働力が商品になる」経済システムです。

明治時代に富国強兵と殖産興業によって、日本は近代の資本主義に組み込まれていくことになるのですが、江戸時代において、すでに来るべき資本主義に対するブレーキ感覚が涵養されつつあった……という具合に捉えるのは買いかぶりでしょうか？

江戸っ子は、特に幕末などには、「これからは金儲けに走る商売上手だけが日の目を見る世の中になっちまうぜ」と予感していたのではと考え直すこともできませんでしょうか？

談志は、江戸っ子とは「御一新の時に徳川幕府を守る側か、否定する側かで決まる」

と言い切っていました。無論前者が江戸っ子です。経済的な状況からは、遅かれ早かれ幕府崩壊は予想されていたのでしょうが、かといって幕末の志士たちの狼藉にしか見えない地方出身者特有の横暴的メンタリティにも、正直耐えられなかったのではなかろうかと思います。

「時代は変わるだろうけど、急すぎやしないか」

こんな「戸惑いや迷い」が、いくぶん飛躍させすぎかもしれませんが、もしかしたら資本主義へのささやかな「制御装置」として働くことになっていたのかもしれません。

注釈・的場スコープ「資本主義に対する素朴な疑問」

一般に、こうした資本主義の進展に対して最初に反対したのは、ロマン主義者と言われる人々です。マルクスは『共産党宣言』で、資本主義の進展に対して、過去を懐かしむ社会主義のことを「封建的社会主義」あるいは、「小市民的社会主義」と呼んでいます。江戸の庶民が反対しようにも、流れに逆らうことはできなかったでしょう。

しかし、そこが江戸っ子、たとえダメでも、しっかりと反対するという生き様が、意外と〝制御装置〟として働いていたのかもしれません。

労働力とは商品である――「素人鰻」

ある商品の消費から価値を引き出すためには、貨幣所有者は、流通圏内部すなわち市場においてその使用価値自体が価値の源泉となるような独特の性質を持つ商品を運良く発見する必要がある。その商品は現実にそれを消費すること自体が労働の対象化、すなわち価値創造となるような商品でなければならない。そして事実、貨幣所有者は市場でこのような特殊な商品を発見する――労働能力すなわち労働力がそれである。

マルクス『資本論』第一巻四章

『資本論』が難しいのは、独特のレトリックと文体、そして聖書由来のキリスト教用語で書かれているからです(初めて読んだ大学三年の時なんざ、そのことにすら気づきませんでした)。

マルクスも談志も気難しいキャラで、無理矢理に共通項を見出すとすれば、「バカが嫌い」ということだったのではと思います。

談志は「人間のダメさ加減を認めるのが落語だが、俺は絶対バカな弟子は認めない!」と断言していました。ほんと面倒くさい人でした。

談志は「頭のいい奴が数人いればいい」と常々言っていたものです。そんな談志が頭の回転の速さを高く評価していたのが盟友の毒蝮三太夫さんでした。「あいつはな、俺が言ったことに対して、見事に返してくるんだ」と絶賛していました。いつぞや、談志がレギュラーを務めていたテレビ番組があったのですが、共演者の中には談志の大嫌いな女性タレントさんがいました。談志はその女性タレントさんとかぶるのが嫌で、収録日も別にしてもらうほどでした。

ある時、蝮さんが「何でそんなに嫌いなんだ？」と尋ねた時でした。談志は「あいつがそばに来るとな、俺のチンポが腐るような気がするんだ」と子供でも言わないようなことを口にしました。すると蝮さんは大笑いしながら、「そりゃ大変だな。向こうにしてみれば、あんまり他人には言えないような理由だもんな」と言った途端、談志は大爆笑したのです。

「なるほど、○○○（その女性タレント）が、『談志さん、私のこと嫌いなんですって。私がそばに寄るとチンポが腐るとおっしゃるの』とは確かに言えないわな。お前すごいな」と激賞していましたっけ。

蝮さんの例を挙げて回り道しましたが、要するに「落語家ならば、物事をすべて面白く解釈してみろ」ということなのです。

つまり、この本に通底するのは、まさに仏教の「如是我聞」。「私はこう聞いた」ならぬ「私はこう読んだ」というスタンスで『資本論』に立ち向かおうというわけです。

「つまらない正解」より「面白い超訳」になるかもしれませんが、正解を知りたい方は監修の的場昭弘先生の本をお買い求めください。

さて――。

冒頭の『資本論』を象徴するような難しい文章に立ち向かうためには、思考の抽象度を上げる必要があると思います。

『池上彰の講義の時間　高校生からわかる「資本論」』（集英社）を繙いて、抽象度を上げて読み直してみますと、要するに、**使えば使うほど増えてしまう魔法のような商品こそ、労働力**なのです。そして、それを利益として得られるのは、資本家だけということなのではと思います（多分）。

「マルクスの言いたいことは何だったんだろう」ということに、常に思いを馳せ（忖度し）ながら読んでいくと、朧気ながらじわりとその骨子が見えてくる――。『資本論』とは、そんな書物なのかもしれません。

知らずしらずのうちに、みずからの労働から利益というらま味を吸い上げられることを「搾取」と呼ぶのだと思います。工業化が進展する前の江戸時代は、資本家という存在はいまだ生まれていませんでしたので、江戸町人たちは、自分が稼げる身の丈に合った労働だけで生活していました。「座って半畳、寝て一畳、天下取っても二合半」という感じで、身の丈に合った稼ぎで、身の丈に合ったスペースとご飯の量（二合半）だけで暮らし、経済を回していたのです（無論、その背後には地方の農民たちに課せられた地獄のような年貢があったことを認めなければなりません）。

だからこそ、身の丈以上に稼ごうとしたり、カネを貯め込もうとしたりした人間を、本能的に毛嫌いしたのでしょう。「カネを使う＝身銭を切る」という行為を前提にしないと、江戸の経済が回らないことに、皮膚感覚で気づいていた証拠かもしれません。

そういう実践的な美学が職人らには根付き、さらには武士などにも持てはやされます。

「武士は食わねど高楊枝」というダンディズムがまさにそれでしょう。かような江戸っ子らしさ、カッコよさが継承される一方、経済観念のない職人および武士階級（要するに商人以外）は、江戸も末期に近づく（つまり、資本主義化する）につれて没落していきます。「士農工商」という身分制度の中で一番下だった商人たちが、武士階級にカネを工面するなどして発言力を高めていったのです。

そして、そんな流れから明治維新となります。武士階級が失業することになるのは、当然の流れです。そこで武士から士族となった層に奉還金（退職金）が支給されることになるのですが、さて、ここからです。

これを元手にして商売を始めた士族が多くいたのですが、持ち前のプライドの高さ（抜け切れない特権意識）から来るコミュニケーション能力のなさから、ほぼほぼ商売はしくじるのですな（反対に、もともと農民出身で、みずからの生産物を売り歩いていた、そろばん勘定に長けた渋沢栄一が評価されていくのと好対照です）。

これがいわゆる「士族の商法」です。いつの世も同じなのですが、この金を狙って士族をターゲットにした詐欺師もたくさん現われました。「振り込め詐欺」の祖先みたいなものでしょうか。

まさに「素人鰻（しろうとうなぎ）」という落語は、かようなバックボーンを持っています。

あらすじ

一人の武士が、神田川の金（きん）という鰻職人の勧めで奉還金をはたいて鰻屋を開業します。さて、この金という男、腕はいいのですが、酒癖が悪いというキャラです。それでも、その武士に厄介になったという恩義から、一所懸命に働くと誓います。ところが、開店したその日、勧められた酒に酔って暴れ、主人に追い出されます。その翌日、反省の色を見せて帰ってきた金は、許されて店に出ますが、この日も酒を勧められて飲んだ挙句に、暴れてしまいます。

武士はまたまた金を店から追い出すのですが、職人のいない店は立ちゆかなくなります。しびれを切らした武士が、「金が来ないのなら、わしがやる！」と慣れない手つきで鰻を捕まえ、調理しようとするのですが、うまくいきません。やっとの思いで鰻を捕まえようとするのですが、つかんだ手から先へ抜けていくため、武士はそのまんま表へ飛び出していきます。ぬるぬるした鰻を手にしたまんま、通りすがりの人に「どこに行くんだい?」と聞かれて、「いや、わからん、前に回って鰻に聞いてくれ」。

この噺はビジュアル、すなわち鰻を扱うパントマイムこそがすべてというネタで、八代目の先代・桂文楽師匠の十八番でした。資本主義に馴染まない士族たちの雰囲気がよく伝わる一席であります。

「素人鰻」とほぼ同じストーリーに「鰻屋」という噺があります。私も一門の龍志師匠に稽古をつけていただきました。鰻を捕まえたまんま都電に乗って行ってしまうというナンセンスな設定が笑えます。

ところで、少し飛躍しますが、「行き先は鰻に聞いてくれ」というオチは、「責任は俺にはない」という意味ではまさに「資本主義の行く末」にも聞こえてこないでしょうか?

この落語に対する買いかぶりかもしれませんが、資本主義は放っておくと、環境まで破壊すると予見したのがマルクスなのですから、カネばかり稼ごうとしている資本家にその行き先を尋ねても、「前に回ってこの投資した分のカネに聞いてくれ」と言いそうな気がしてなりません。誰もが「その先」を想定できない、不確実性の高いシステムが資本主義社会なのですから。

労働は誰のものか――「藪入り」

他人との計画的な協業を通じて、労働者は個人という枠を捨て去り、彼の類としての本質を発展させるのである。

池上彰『池上彰の講義の時間 高校生からわかる「資本論」』（『資本論』第一巻一一章）

『資本論』を読み進めていって、気付いたことがたくさんあります。最初に手にした時は、アンコンシャス・バイアス（無意識の偏見・偏ったものの見方）が働いて、ろくすっぽ読めませんでした。

ろくに中身を読まないまま、いや、中身を読めないからでしょうが、「『資本論』は資本主義の盲点を暴き出し、革命を促進させる理論書だ」というイメージを持ったまま手にしたのが大学時代でした。おまけに八〇年代半ば以降の空前の好景気（バブル）という時代。当時の世相が、さらにその思いを増長しました。

曰く「『資本論』はもう時代遅れだよ。ソ連や中国の後進性は、社会主義の失敗そのものではないか」などと、新聞の見出しにすらならない浅知恵を友人らと語り合っていたものでありました。

マルクス＝『資本論』＝革命誘発思考＝時代遅れ

こんな思考ストップのままでいたのを、完全にリバースしてくれたのが、本項の冒頭に引用した文章です。

要するにマルクスは、資本主義の否定的な面だけを訴えていたのではなかったのです。「彼の類としての本質を発展させる」とは——人類として、その本質（持ち味や個性や自分らしさ）を「他人との協業」（つまり、他者との仕事におけるコミュニケーション）によって、伸ばしていく。そしてそれは、気がつくと、「個人」という枠を超えたようなもの（類）にまで発展させる——。

もしかしたら「ケガの功名」なのかもしれませんが、労働者のスキルアップが図れるのは、資本主義の協業と競争によるものではと、思っていたのかもしれません。

うがちすぎかもしれませんが、反論承知で超訳すれば、「資本主義は決して否定されるだけのものではないよ、メリットもかなりあるよ」とマルクスがささやいていたととらえられなくもないような気がしますが、いかがでしょうか？

開き直りに聞こえるかもしれませんが、私はそのように「誤読」してしまいました。

注釈・的場スコープ「競争による技術の発展」

マルクスは、『経済学批判要綱』の中で、「資本の文明化作用」という言葉を使っています。資本主義が必然的な歴史ならば、当然のこととして文明それ自身をもたらすのも資本主義だという意味です。資本主義はきわめて合理的なシステムであって、競争によって技術の進歩をもたらします。もちろん、それはあくまで利益を得る限りにおいてであり、そのため他の企業を潰していきます。結果的に独占が生まれると、実は技術の導入や労働者の技術の発展をあえて図るようなことはしなくなります。

「藪入り」という落語があります。

あらすじ

商家に奉公している倅の亀吉が、三年ぶりに藪入り（旧暦一月一六日と七月一六日の帰省許可の休日）、つまり「帰省が許される」ことになります。物語は、その前夜から始まります。

息子の帰りを待ちきれない親バカな父親は、そわそわしながら、妻（倅の母）に言います。「亀が帰って来たら、温かいごはんに納豆、焼き鳥、鰻、天ぷら、寿司、かき氷に水ようかんにスイカに……」などと、食べきれないほどの食べ物を列挙するかと思えば、「あいつが帰ってきたら、まず銭湯に行かせよう。で、帰って来てから親戚の家に行って、羽田の穴守稲荷、川崎大師から、横浜、江ノ島回って、名古屋の金の鯱を観せよう。あとは関西方面から四国に渡ってから、九州あたりに向かおう」などと、たった一日の休日だけではとても回りきれない名所の数々を数え上げて、連れて行くのだと興奮しています。

そんなこんなで、夜もろくに眠れないほどの父親でしたが、その朝、亀吉が帰ってきます。そこには、きちんと挨拶できるようにしつけられ、想像以上に成長した亀吉がいました。父親はそのビフォー／アフターのギャップに感激しながら、倅を銭湯に見送ります。

母親は、倅が置いていった財布にふと、目をやります。異様に膨らんでいたその財布を見て、不審に思います。こっそり中を開けてみると、子供には似つかわしくない一五円という大金が入っていたのです。

「もしや亀吉がご主人さまのお金でも盗んだのでは」と疑う母親に対し、父親は「あいつがそんなことするわけねえ」と言いますが、「たった三年の奉公でこんな大金もらえるわけない。お前さんも奉公は経験しているでしょ？　こんなにもらうなんておかしい」という母親のセリフに父親は、「あいつが盗んだに違いない」と疑い始めます。

銭湯から帰宅した亀吉に、父親はいきなり「このカネはどうした」と怒鳴りつけます。亀吉は、「人の財布の中を見るなんて、下衆だよ。これだから貧乏人はいやなんだ」とやり返したので、父親は殴りつけます。母親は父親と息子の間に入り、双方をなだめながら訳を聞きます。すると亀吉は泣きながら「そのおカネは盗んだのではなく、捕まえたネズミを警察に持って行ったら、中の一つが懸賞一等賞の一五円に当たったんだ。それを店のご主人に預けていたものだったんだ」と答えます。当時は「ペスト予防」のためお店の小僧たちには「鼠を捕まえる」という仕事がありました（「懸賞金」を付けることでその意欲を増幅させていたのです）。父親は安心して、「これからもご主人を大事にしろよ。これもご主人への忠（チュウ＝ネズミの鳴き声）のおかげだ」。

大学時代は落語研究会に所属していました。三田祭という秋の学園祭があり、大教室を借り切って四日間、「三田祭慶應寄席」と称して落語を披露するのが、落研（おちけん）最大のイベントでした。そこでトリを務めるのが二年生で、その時に私がトリネタに選んだのが「藪入り」でした。

実家の父親と、この落語の父親とのキャラがかぶっていたのが一番の理由です。

昭和六年、満州事変の翌日の九月一九日に、私の父は生まれました。時はまさに軍部が日本の主導権を握る暗黒時代です。当然ながら、父は上の学校には行けず、一四歳で高等小学校を卒業して以来、四一年間、家族のために働き続ける人生でした。学歴がなくて苦労したせいでしょうか。その反動から私には好きな道を歩ませてくれました。上田高校という地元では進学校に通っていたのを、「ここでは現役合格は無理」と判断し、編入試験を受けて山梨の駿台甲府高校で寮生活を送ることも、父は黙って受け入れてくれました。「好きにやれや」が口癖でした。おかげで大学の現役合格もかないました。

「幸二（筆者の本名）は明日けえってくるからな、あいつ塩辛好きだったから買っといてやれ。あいつプリン好きだったからプリンもな」と、息子である私が帰省するたびに、この「藪入り」と同じ展開になったようです。

大学卒業後に入った一部上場企業を三年で辞め、落語家への道を歩むという異常なる道を志した私ですが、こんなわがままを許してくれた父親と母親の甘さには、実は大きな理由がありました。

私が生まれる前に、一歳二か月で最初の子（兄）を病気で失っていたのです。

その反動から、私が何をやっても笑って受け入れてくれていたのかもなあと、二〇一四年に八三歳で亡くなった父親の遺影を見ながら、手を合わせています。

自分を取り巻くそんな経緯を踏まえて、この「藪入り」を高座に掛けるときは、この父親を、わが父と同じように「最初の子供を失った」という設定にしています。「その悲しみの反動で、後に生まれた亀吉を猫かわいがりし、結果、とんでもないやんちゃに育ってしまったので、了見を叩き直すために奉公に出した」というサイドストーリーを加味しています。落語はかような塩梅で、落語家それぞれのドキュメンタリーを反映できるのが魅力なのです。いや、魅力というよりも、そこが一番のオリジナリティなのです。

「藪入り」は、いまでは若手からベテランまでが演じるメジャーな作品になりましたが、ここまでの人情噺の大作に仕立て上げたのが、三代目・三遊亭金馬師匠でした。金馬師匠は、自身が奉公に行った経験があることが大きな芯になっていました。この落語の一番の面白さは、前半の父親が食べ物と旅行先を数え上げて妄想する部分と、帰ってきた息子が、幼いまんまだと思っていたら、「すっかりご無沙汰しておりますが、お元気でしたか」と、想像以上に成長して帰ってきたことに対する「うろたえ」の部分です。

私は、この箇所こそが「類としての本質の発展」ではないかと思っています。この落語が成立したのは、おそらく明治後半から大正期にかけての日本の資本主義の萌芽期に相当するものと思われます。一八九四年生まれの先代・金馬師匠は、小学校卒業後、経師屋（きょうじや）に奉公に出たとのことですから、一九〇〇年代初頭のあの時代は、いまのような労働基準法もなく、苛烈な労働環境であったと察します。それでも、年に二度の藪入りを設けることで、末端労働者である小僧さんがせめて安らぎを覚えられるようにと、できるだけの差配をする心配りが社会全体にあったのかもしれません。実際、そのような小僧さんをもてなすべく映画館や芝居小屋が各地にあり、活況を呈したとのことでした。

かくいう私も、厳しい徒弟制度に放り込まれ、以後、九年半も前座のままだったのですが、くすぶり続ける私に向かって苦労人の父親は「談志さんを信じろ」とだけ言い続けていたものです。

「計画的な徒弟制度を通じて、前座は個人という枠を捨て去り、彼の類としての本質を発展させる」。これが前座修業の本質なのかもしれません。

「労働は確かに資本家のもの」。これが『資本論』の定義でもあり、本質でもありますが、「そこからわずかでもどう労働者に還元できるか」。ここが重要なのではと思います。

労働は人を変える――「唐茄子屋政談」

『資本論』というか、マルクスの発見した資本主義の秘密を一言で言うならば、「労働価値説」にありと見ています。「労働価値説」とは『日本大百科全書（ニッポニカ）』の「労働価値説」の解説によると、次のように記されています。

「商品の価値はその商品を生産するために社会的に必要な労働時間によって決定されるという理論をいう。労働時間による商品価値の規定を商品交換の基準とし客観化するので、欲望・効用を基準に商品価値を説明する主観価値説に対して客観価値説ともいう」

要するに、人間の労働を資本家が**「搾取」**するシステムこそ資本主義の本質であるとマルクスは把握したのです（的場先生、間違っていませんよね）。

そしてここまで述べてきたように、その労働は、ただ搾取されるだけのものではなく、「類としての」成長にもつながるものと予言をしてきました。

つまり、人類は労働によって成長もしてきているのです。

注釈・的場スコープ「労働価値説」

労働価値説は、一七世紀のウィリアム・ペティやジョン・ロックに遡ることができます。やがて一八世紀にアダム・スミスが投下労働価値説と支配労働価値説によって体系化します。その後、労働価値説はデヴィッド・リカードに受け継がれ、マルクスによって一貫した資本主義経済の説明の理論になります。マルクスは、労働価値説が成立する社会を「資本主義社会」として捉え、労働者の労働力の価値が搾取される状況への批判を展開します。その意味で、『資本論』の理論は「労働価値説批判」と言うべきかもしれません。

ここで、「労働」を「無茶ぶり」と呼び変えてみると、その本質が浮かび上がってくるような感じがします。

振り返れば、三〇年以上前の新人サラリーマン時代の私がそこにいます。

兄を一歳二か月で亡くした私の両親は、私を非常に過保護に育てました。そして、それに輪を掛けるように病弱だった幼いころの私は、なにか体調に思わしくないところがあると、すぐに病院に連れて行かれました。

あれは小学三年の夏でした。いまでいう「熱中症」、当時は「日射病」と呼ばれていましたが、暑さにやられて高熱を出し、三時間もの間、意識不明に陥りました。

医者からは「この子だけですか」と尋ねられたそうです（要するに、「この子が亡くなっても他の兄弟がいますよね」という最終確認でした）。

その後、奇跡的に回復し、以後挽回するかのように人生をジェットコースターのごとく楽しみ、五〇歳も半ばを超える今日まで健康そのものであります。

そんな幼少期だったからこそ、それから先の人生は何をやっても両親は味方してくれるような感じでもありました。

さて、甘え切った私に最初の鉄槌を振り下ろしてくれたのが、ワコール勤務時代のトレーナーでした。あの時代は、「パワハラ（パワーハラスメント）」という言葉自体が存在せず、もっと言うと、日本の企業社会全体がパワハラ体質そのものでした。「体育会系」

が好まれたのは、「上意下達に慣れた逆らわない従順な精神と、丈夫な身体」を企業、いや日本社会が求めていたからです。

入社したころのワコールは、そんな脳みそが筋肉化しているような方々ばかりで、大学時代にさほど身体を鍛えることもなく入社した私は、格好の餌食でした。

大学ではボート部に所属していたことをひたすら自慢する鬼のようなトレーナーは、入社三か月の、研修期間中の私に向かって「横浜そごうから値札を二〇万枚、新宿店に持ってこい」と指示を出しました。

この一五年以上、私は週四回ジムに通い、いまでこそベンチプレスは一〇〇キログラム以上を挙上（きょじょう）するマッチョに激変していますが、あのころは華奢（きゃしゃ）でした。値札二〇万枚というのは、重さにして二〇キログラム近くあります。しかも、夏場でした。

細い腕がちぎれそうな思いで、何度も何度も途中で休んでは、横浜から新宿へ向かいました。そのトレーナーはというと、新人に仕事を任せて遊びに行ってしまうようなお人で、とても尊敬には値しないタイプでもありました。

大都会に容赦なく照り付ける太陽で、意識が朦朧としてきました。

小三の、あの夏の日が蘇ってきます。

そんなダメになりそうな時に浮かんで来たのが、「唐茄子屋政談（とうなすやせいだん）」という落語でした。

あらすじ

大家の若旦那・徳兵衛は、道楽が過ぎて親元を勘当されるのですが「どこに行ってもお天道さんと米の飯はついてまわるから」とうそぶいて周囲に甘えます。が、優しくしてもらえるのは最初だけ。そのうちにみんな見放し始めます。そしてついには若旦那、吾妻橋から身を投げて自殺を図ろうとします。そこを偶然通りかかり、助けてくれたのが叔父で、これをきっかけに叔父の厄介になります（「お前だったら助けるんじゃやなかった」というブラックなセリフが受ける箇所です）。

厄介になる手前、徳兵衛は「何でもします」と言い放ち、翌朝から天秤棒を担いで唐茄子（かぼちゃ）を売り歩くよう命じられます。慣れない棒手振り（ぼてふり）仕事に難儀しますが、見知らぬ市井の人たちの情の厚さに助けられ、唐茄子はほとんど売れてしまいます。そしてふと見上げると吉原田圃（よしわらたんぼ）が目に入ってきます。徳兵衛は遊び呆けていたころを思い出し、当時歌っていた小唄を歌い、ふといまの現状に気付いて、また歩いていきます――。

前半はここまでです。

その後、裏長屋で女に呼び止められた徳兵衛は、残った唐茄子を売るのですが、女が、自分の子供に食べさせる食事にも苦労するほどやつれている様子を見るに見かねて、その子に自分の弁当を与え、女にはその日の売り上げをすべて押しつけて走り去ります。帰宅後、叔父に事の経緯を説明しますと、真偽を確かめろと言われ、いっしょに女の家へと向かいます。なんと徳兵衛の渡した金は因業大家に家賃として取り上げられ、女はそれを苦に親子心中を図ってしまうのでした。激怒した徳兵衛は、大家の家に飛び込んで大家を殴ると、聞きつけた長屋の衆も加勢して、大騒ぎになります(これが中盤)。

後編ラストは、奉行所の裁きの結果、お白洲の上で、大家は厳しい咎めを受けます(財産没収)。母と子はすんでのところで息を吹き返し、一命を取り止め、徳兵衛の叔父の長屋へ身を寄せることになります。徳兵衛は奉行所から、母と子を助けたということで褒美の賞金を受け取ることになり、実家の勘当も解かれます。そして、ついには商人として一人前になっていくのでした。

「唐茄子屋政談」は長編で、序の部分だけで語られるケースが多い落語です。序の部分に江戸の情緒とウケの部分がかなり含まれているのと、いや、それ以上に、徳兵衛が置かれた現状を噛みしめつつ、「昔は楽しかったけれども、いまは棒手振りだもの」とわきまえるシーンが、その後の展開を予想させてくれるからこそ、そこで切れ場となるのでしょう。この落語のラストで「落語の魅力は余韻なのかもなあ」と思ったものでした。

さて、この落語は「世間知らずの若旦那の成長物語」であります。自身が甘えた環境から社会に向かって降り立った際、立ちはだかったのが件の鬼トレーナーでした。そしてその無茶ぶりを堪えながら、ダメになりそうな時、この落語が私の救世主となってくれたのです。つまり、この落語を思い返すことで、私は冷静さを保てたのです。

「いまは辛いけど、もしかしたらこの思い出は、近い将来、落語の道を志した時にきっと役立つかもしれない」

ふとそんな気がしてきたのです。

その後、最初の勤務地の福岡では、幸いにして「値札二〇万枚」以上の仕打ちはありませんでした。最初にきつい思いをしておくと、後が楽になるものなのかもしれません。

そして、ワコールを退職し、談志に弟子入りしたのですが、談志は言葉では厳しく弟子に当たることはありましたが、それとて、**「俺の怒りは、お前の人格否定ではない」**という枕詞を必ず添える優しさがあり、またワコール時代のような肉体的パワハラなどは、本人はむしろ唾棄していました。無理して汗をかいて、重たい荷物を持とうとする弟子を毛嫌いするほどだったのです（「自分が弟子に大変な思いをさせている」と周囲から見られるのがとても嫌だったのでしょう）。

以後、厳しい徒弟制度の中でしつけられてきましたが、やはり「値札二〇万枚」に匹敵する苦痛は皆無でした。

「嫌いなお方の親切よりも　好いたお方の邪険がいい」という都々逸があります。ワコールは福利厚生も整ってはいたものの、鬼トレーナーも含めて、私にとっての談志以上の存在との邂逅はまったくありませんでした。あの「値札二〇万枚」の重さは、「ここでサラリーマンを続けるための覚悟の重量」でもあったのかもしれません。長引く前座修業期間中、「もう落語家の道はあきらめようかな」と思ったことは正直何度かありましたが、「あの夏の二〇キロの値札」が私を談志門下に押しとどめる「文鎮」になったのかもしれません。

「もしサラリーマンに戻っても、あの『重さ』が待っている」

そう思うと、やはり落語家になりたい、談志の弟子を続けようと自らを奮い立たせるしかありませんでした。

以上は若き日の私の思い出ですが、この「唐茄子屋政談」を聞くと、誰しも「懐かしき新入社員時代」の出来事が蘇ってくるような感じになるのではないでしょうか。そんな「タイムスリップ」に浸れる一席です。

そしてそんな追憶とともに、この中に出て来る因業大家は、この落語の成立後に現れて来る「資本家」につながっていくような気がしませんでしょうか。「因業大家」こそ「資本家」の象徴かもしれません（無論マルクスは資本家が「利潤の奴隷になる」のは、個人の責任ではなく、それこそ資本主義のシステムに問題ありと見抜いていたのですが)。
江戸時代、特に江戸の町々は、資本主義に毒されていないコミュニティ(共同体)が確かに存在していたのです。

注釈・的場スコープ「共同体」

共同体は、西欧社会でも資本主義以前には一般的でした。共同体が崩壊して資本主義が成立していくのですが、共同体、すなわちその多くは農村共同体ですが、資本主義の発展とともに、貨幣経済と私的所有が進展することで、崩壊していきます。こうして農民は労働者に変容していきます。

もちろん、都市にもギルド制による職種による共同体が存在していました。落語に多いのは、このギルド制的な長屋の共同体です。これは大工などの職人の共同体です。

球数制限と過労死防止

談志の名言に「あらゆる欲望の限りを尽くしていいのは、スポーツ選手と芸術家だけだ」というのがあります。「経済の方面で欲望の限りを尽くせば、独占禁止法などで制御されるが、スポーツ選手と芸術家は別だ。イチローが生涯何万本ヒット打ったってかまわない。芸術家も然りだ。そんな芸術家の端くれであるお前たちは、もっと欲を出して取り組んでみろ」と。

これを超訳すればこんな感じになるはずです。弟子にはとにかく発破をかけるのが好きな談志でした。そんな師匠から私が賜った数少ない誉め言葉――「お前の野心だけは認めてやる」を時折噛みしめています。「やりたいことを全面的に出す」姿勢だけは評価していただいたようです。

さて、芸術家同様、欲望の限りを尽くしてもいい立場の中に、当然プロ野球選手たちもカウントされますが、日本のプロ野球の特殊性を少し考えてみたいと思います。

ここで私なりの仮説を立ててみます。それは「日本のプロ野球も日本型資本主義を支える一翼ではないか」というものです。

その一番の理由は「ナイター」という和製英語です。これは海の向こうの英語ではなく、日本生まれの英語になるほど定着した言葉であります。アメリカでは「ナイトゲーム」と呼ぶのが通例ですが、一九五〇年（昭和二五年）、後楽園球場に照明設備が整って以来、「プロ野球＝夜の仕事＝ナイター」として認識されるようになりました。以後、仕事終わりのサラリーマンを主な観客にすることでマーケットを定着させた形となっていきます。

私もサラリーマン時代、会社に入ると労働組合に入ったものです。組合の活動はとても多岐にわたっていました。ワコールの場合、大企業の多くがそうであるように、経営側の言うことを受諾するだけのいわゆる「御用組合」でしたが、組合としての福利厚生も充実していました。その一環として「格安でのプロ野球ナイター観戦」がありました。組合費で入場料を負担する形でしたので、かなり格安で楽しめたものです。福岡在住でしたので、必然的に当時の「福岡ダイエーホークス」の応援です。場所は、いまはなき「平和台球場」。缶ビール片手に同僚たちと何度か出向きました。

あのころの平和台はガラの悪さで評判でした。周囲の酔客と意気投合し、新入社員特有の憂さ晴らしを兼ねてヤジを飛ばしたものでした。あれは、対西武戦。一塁を守っていた清原選手に向けて「テスタロッサに乗せろ!」などと言い放ったりしたものです(こちらをにらみ付けるあの眼力の凄さに感服したのを覚えています)。清原さん、ごめんなさい。

そして試合後は、にわかホークスファンと化し、ファンが集う居酒屋に流れて、その日の試合の反省ならぬ反芻大会が始まりました。「7回裏の田淵(当時の監督)の代打を出すタイミングが間違っていた」などと、ホークスが低迷期だったこともあり、暴言大会へとなったものでした。

いやほんとあのころのホークスは弱小球団で、まさか昨今のような常勝チームになるとは、誰が予想したことでしょうか。王監督と工藤投手が、若い城島選手をきちんとした捕手へと成長させたあたりから潮目が変わったような感じでしたっけ。

私のサラリーマン時代だけの些細な一例ですが、逆にそれだけをすくい取っても、プロ野球とサラリーマン社会は密接にリンクしていたという証拠でもあると考えます。

その典型が、読売新聞主筆のナベツネこと渡邉恒雄氏ではないでしょうか。かつて、カネで四番打者を買い集めて「強いチームを作れ」と言ったのがその最たるものです。巨人を勝たせて、新聞を売りまくるという行為は、まさに資本主義そのものであります。極論ですが、彼からみれば巨人の選手たちも新聞を売るためのコマ（労働力）に過ぎなかったのでしょう。

仲良くしているピン芸人に松元ヒロさんという方がいます。ヒロさんの「モノマネ」の一つに「ナベツネ」がありました。ナベツネになり切って一言言うのですが、かつてプロ野球選手会が労働組合を結成した時期に、**「働きもしないで野球ばっかりやっている連中が、なんで労働組合を作るんだ！」**とのセリフに、会場は大爆笑に包まれたものでした（ほんと実際のナベツネが言いそうな言葉でした）。

さて、そんなプロ野球の優勝チームと景気が連動するとまで言われているこの国なのですが、ここでプロ野球選手と労働組合について考えてみましょう。

プロ野球選手は個人事業主と考えられていますので、たしかに労働組合を結成したり、ストライキをしようとしたりすることに、違和感を覚えますよね。ですが、プロ野球選手が加入しているプロ野球選手会も、れっきとした労働組合とのこと。つまりプロ野球選手も労働組合法という法律上は「労働者」となるのです。

ゆえに『資本論』的に言うと巨人の選手もナベツネという資本家から「搾取」される対象なのであります（件のナベツネ発言も『資本論』的には資本家として当然の発言でもあります）。

ところで、いまでこそプロ野球界においても選手に対する労組のサポートを認めるような世の中になりましたが、かつては信じられない時代がありました。

その代表例が、「月月火水木金金」に比肩する慣用表現ともなった**「権藤、権藤、雨、権藤」**ではないでしょうか。これは中日ドラゴンズのエースだった権藤博氏の連投に継ぐ連投を揶揄した、当時の巨人の投手であった堀本律雄氏の言葉とのことです。権藤氏は入団一年目から大活躍し、チームの試合数一三〇の半分以上に当たる、なんと六九試合に登板、そのうち四四試合に先発登板し、三五勝一九敗、投球回数四二九・一回というとんでもない数字を叩き出したのでした。

無茶ですよねえ。

科学に基づいたスポーツ論が定着するはるか以前の、まさに根性論のまかり通った時代の産物でありましょう。逆にこんな空気感で育ってきた同世代の張本勲氏が、そのキャラと発言で持てはやされたのは、権藤時代を懐かしむ人がいるからでしょうか。いや、やはりあの張本さんのキャラあればこそなのでしょう。

そして、そんな張本さんが表舞台から消えようとするのと軌を一にするかのように持ち上がってきたのが、高校野球の投手の「球数制限」です。

調べてみますと、二〇一八年からでした。「延長一三回からタイブレーク制の導入」が始まり、以降、二〇二一年には「投手の球数を一週間で五〇〇球以内に制限する」と決まり、そして二〇二二年からは「成立前の試合を引き継いで翌日以降に再開する『継続試合』を採用する」など、投げ過ぎによる故障防止策が続々と提案されてきたのです。

以下詳細は――

- 一人の投手の投球数が、一週間で五〇〇球に達した場合（登板中に達した場合は打者との対戦が完了するまで）、それ以上投げることを認めない。
- 降雨などノーゲーム、再試合となった試合の投球数も制限にカウントする。当初の日程から雨天などにより試合数が増えた場合でも、一週間内の投球数が五〇〇球を超えることはできない。
- 運用ルールでは、試合前のメンバー表交換時に、大会本部が両チームに過去六日間の試合で登板した投手の投球数が記された表を配付する。チームは、どの投手があとどれだけ投げられるかを確認して、試合に臨む。
- グラウンドでの運用は、審判にゆだねられる。登板中の投手の一週間の総投球数が四五〇球前後になったところで、幹事審判が球審に連絡。五〇〇球に到達した場合、球審がその打者との対戦完了後、ベンチに投手交代を促す。降板した投手は再登板できない。そして試合後には、公式記録を用いて、再び両チームに各投手の投球数を確認してもらう――。

ここで、いくぶん突飛ですが、権藤氏の時代を児童労働などが当然だったイギリスの産業革命黎明期に置き換えてみます。いやあ、的場先生からは「厳密にいうと野球選手は労働者ではない」というツッコミが入りましょうが、サッカーでいうところの「アドバンテージ」で続けます。

そこからの反省と是正が行なわれたイギリスでは、一八三三年に成立した工場法によって「九歳未満の児童の労働が禁止」され、それ以降、行き過ぎた「資本主義の修正」を促す法整備が順次進んでいくことになります。

最前挙げた権藤さんのように、シーズンの半数の試合に投げる「無茶ぶり」を要求されたら選手生命が短くなるのは必然です。つまり、「労働力の再生産」もできなくなります。**プロ野球も資本主義社会の底辺を支えるサラリーマン（労働者階級）に下支えしてもらっている**以上、やはり連動しているのです。そしてその後の「産業予備軍」たる高校球児に「球数制限」を設けたのも、やはり『資本論』的発想（過去からの反省）からではないでしょうか。

投球数の関係で、千葉ロッテマリーンズの佐々木投手の完全試合も、二試合連続とはならなかった（二〇二二年）のも記憶に新しいところです。やはりプロ野球選手も、労働基準法の監督下にあるとレトリカルに言えそうです。そういえば佐々木選手、下のお名前は「朗希（ろうき）」でした。

注釈・的場スコープ「『資本論』的発想」

『資本論』は、資本主義の発展法則の必然性を分析している書物です。そこで改良主義的な話は出てきておりませんが、あえて言えば二〇世紀初期に生まれたドイツ社会民主党などの修正資本主義的解釈があります。資本主義の発展の後に社会主義が生まれると考えたドイツ社会民主党の中に、資本主義はそれ自体の中で問題を解決していくのではないかという議論が出てきます。この節の例は、むしろ労働力を劣化させないための処置というべきかもしれません。労働に関する制限措置は、資本主義が労働力の維持のために打ち出してきた措置です。ここで挙げられているプロ野球選手は、厳密には労働者ではないので、あまり妥当な例ではないかもしれませんが、落語的なレトリックのようなものとして捉えてもよいでしょう。

労働者諸君！――「寅さん」の爽快感

コロナ禍が始まったころ、仕事がほとんど飛びまくっていた時期に、ネットフリックスで映画『男はつらいよ』シリーズの全作品を見直したものでした。前座時代に全作を観たのと合わせて、合計三回は観ているでしょうか。焦りと不安の中、救いを求めるように「寅さん」を観たおかげで、人情物語のパターンが身体に入ってきたこともあり、初小説『花は咲けども噺せども』（ＰＨＰ研究所）を書く際にとても参考になったものです。ケガの功名であります。

いまも子供二人がいない週末の夜にカミさんと二人、しみじみと見返して泣き笑いを分かち合っています。

『男はつらいよ』の設定は完全に落語そのものです。まず舞台が葛飾柴又という「下町」です。そこで交わされる濃い会話、人間関係の距離感、そして、何より「愚兄賢妹」という設定が肝です。これはまさに「できのいい妹がお殿様に見初められ、正室になる」という落語「妾馬（めかんま）」そのものです。

いや、設定のみならず寅さんを演じた渥美清さんも、まさに落語が大好きだったとのことでした。

一門の兄弟子、龍志師匠からは「前座のころ、客席の後ろのほうで帽子を目深にかぶった渥美清さんがいたものだ」と聞いたこともあり、また私自身も前座時代、あれは有楽町でしたか、やはりアポロキャップをかぶり、周囲に気付かれないような出で立ちで歩く渥美さんをお見掛けしたことがあります。

ファンを公言していたのが、昭和天皇から金正日総書記までというのが象徴するように、『男はつらいよ』は幅広い層から支持されていました。一九六九年八月二七日に第一作が公開されたのを皮切りに、一九九五年まで四八作を、渥美さん一人で演じられました（これはギネス記録とのことです）。

渥美さんが撮影に参加した映画シリーズ四八作の配給収入は、合計で四六四億三〇〇〇万円、観客動員数は七九五七万三〇〇〇人というのですから、いやはや驚くばかりです。

なぜかくのごとく愛され続けたのでしょうか。

私は、そこにあるのが「日本人のカタルシス」ではないかと推察しています。その爽快感を象徴するセリフが、主として、あの団子屋の裏にある朝日印刷に勤務する若手従業員に向かって寅さんが言い放つ**「労働者諸君！」**であります。

このセリフを吐くのは、たいがい寅さんの気分が良く、高揚するあまり、いくぶん上から目線になっている時です。「地道に働く若者」のほうが、中年のテキ屋の寅さんよりはるかに生活者としての地位は安定しているというのに、そんな「落差」に無頓着な優越感を持っている寅さんに対して、さらに観客が優越感を持つという「メタ構図」がポイントでしょうか。

この「労働者諸君！」は毎回寅さんが吐いているセリフというイメージがありますが、シリーズ初期の作品に集中的に現れていました。第四作『新・男はつらいよ』（一九七〇年二月二七日公開）で初めて登場したこの名セリフは、第三八作『男はつらいよ　知床慕情』（一九八七年八月一五日公開）を最後に使われなくなります。

「労働者諸君！」が発せられた昭和四五年から昭和六二年までの一七年間は、高度経済成長の渦中からバブル破壊の手前までという、まさに日本経済の〝陽〟の時代に合致します（以後、周知のとおり、日本経済は現代に至るまで〝陰〟の道を歩み続けています）。「歌は世につれ、世は歌につれ」ならば、当時の日本人の心をキャッチした国民映画にもそれは当てはまるはずです。

おそらく、この映画のメインターゲットは、労働者階級とその家族でしょう。

あのころは、いまのような不景気とは正反対の好景気で、残業、残業の連続だったと思われます。私自身の半生に重ね合わせると、四歳の保育園年少組から大学四年生までの一七年間に相当します。物心が付いたあたりから、小学校に上がり、生意気盛りの中学生となり、さらに生意気さが増幅し、長野の上田高校から「東大を狙うためにはここではダメだから」と両親を説き伏せて山梨の私立駿台甲府高校に編入試験を受けて入学、寮生活を送りながら大学を目指し、現役で合格し、将来の稼ぎとなり人生の指針となった落語と出会います。そして大学四年。バブル全盛期の超売り手市場のもとでワコールに入社が決定した――という、人生の前半生すべてをカバーした期間であります。

かような生意気とわがままと夢は、サラリーマンの父親の激務が支えていました。父親は地方の中小企業に勤務していましたが、景気もよく、残業だけで月に十数万円は稼いでいたでしょう。さらに母親が長年地元で開いていたそろばん塾は生徒の数も多く、私の夢の実現への礎となっていました。二〇一四年に他界した父親でしたが、晩年は母親と一緒に『男はつらいよ』を観に行くのが楽しみでもありました。

つまり、我が家をサンプルとして見つめてみると、「労働者諸君！」のフレーズこそ、好景気とはいえ激務に追われていた両親のストレス緩和になっていたと痛感するのです。自分たちより明らかに危なっかしい人生を歩んでいる映画の中の寅さんにそう言ってもらうことにより、マゾヒズム的に当座の相対的な我が身の幸せと安住を噛みしめていたのでしょう。

『男はつらいよ』という映画は、資本主義による軋轢を緩和する装置として機能していたと言えないでしょうか。そんな匂いを察知していたのが、北朝鮮の金正日総書記だったのかもしれません。「日本資本主義の歪み」をそこに見て笑いつつ、共感していたのかもしれません。そんな妄想さえ生まれるような気がしませんでしょうか。

そしてまた面白いことに、「労働者諸君！」と呼び掛けられる若者を雇用しているあのタコ社長も、銀行からの監視に置かれるなど、金策にあえぐシーンが何度か描かれています。つまり、タコ社長が完全なる資本家ではないところが、「ああ、中小企業の経営者も大変なんだなあ」と観客の同情を呼ぶ構図になっているところもまた、この映画の妙なのでしょう。

マルクスは資本主義を決して唾棄してはいませんでした。そのシステムによる労働者階級のスキルアップは、むしろ資本主義によるメリットとして受け止めていたような感じがします。

注釈・的場スコープ「資本主義の唾棄」

資本主義は労働者の技術を引き上げる反面、人々の能力を特定化させていきます。社会的分業、工場内分業など、労働者の発展を極限していきます。これは生産を高めるのですが、人間としてのありかたを制限していきます。労働者ではない、ある種の専門的独立自営業者、つまり技術者（エンジニア）などにとってはこうした一面化はいいのかもしれませんが、一般の労働者にとっては、特定の能力はある意味で無意味な能力かもしれません。その意味でやはり資本主義社会は、人間の自由な発展を作り上げることはないのかもしれません。

シリーズの第一作で寅次郎の妹・さくらに惚れる諏訪博は、高校を中退してぶらぶらしていたところタコ社長に出会い、朝日印刷に勤務するというバックストーリーがあります。その後、さくらと結婚し、家族を持つことで労働者としてのスキルを上げ、一軒家を構え、オフセット印刷のオーソリティとして、タコ社長にとってはなくてはならない存在になります。

考えてみたら、国民小学校高等科を卒業した一四歳から四一年働き続けて、私と弟の学費と家のローンを、退職金とともに払いきった父親とかぶります。父親とは、酒も満足に酌み交わせないまま永別しましたが、きっとスクリーン越しの博の言動に、自らの来し方、行く末を重ねていたのではないかと思います。

そして、そういう資本主義のシステムから逸脱した寅さんを、憧れの存在としてまぶしく見つめていたのが、博の息子・満男だったのです。

『男はつらいよ』もシリーズの後半からは、満男の成長物語にシフトしていきます。ある日おじさん（寅次郎）への憧れから、「おじさんみたいにこの社会を否定して生きてみたい」というようなセリフを母親・さくらにつぶやくと、「何言っているの？**おじさんは社会を否定したんじゃないの。社会から否定されたの**」とさくらが返したシーンがありました。これには、映画館の観客は大爆笑になりました。

資本主義に巻き込まれる庶民の悲哀を底流に描きながらも、決してそのシステムを非

難するわけでもなく、また変えることもできない。まさにこれが戦後の日本人の資本主義に対するスタンスだったのです。

ああ、また観たくなってきました。今度は息子たちと観たいなあ。

剰余労働とはなにか――「化物使い」

本書は『資本論』を分析しつつ読みこなすというよりは、読んで直感的に思い至るところを、あくまでも落語家として自分に都合よく解釈しています。きっとマルクスがこの本を読めば「目をマルクスる」ことでしょうな。

さて、大学時代に引っ掛かっていたのが、**「剰余労働」**という考え方です。当時は、「これはなんのこっちゃ」と思っていたのですが、それはつまり「働いた体験がない」から理解できなかったのではなかったかと、いま五〇歳も半ばを過ぎて実感しています。

やはり、多少なりとも社会とリンクして、末端の労働者として浮世の辛さを味わってみなければ、『資本論』を深く理解することはできないのでしょう。一九世紀後半の過重労働にあえぐ労働者に思いを寄せて書かれたのが『資本論』なのですから。

さて、剰余労働ですが、一言で言うならば、「労働者の労働時間のうちで、資本家が搾取する部分」を指します。逆に、労働者にとって生活のために必要な労働を「必要労働」と呼びます。

つまり、

「労働時間」＝必要労働＋剰余労働

という図式なのです。

たとえば、一日の労働時間が八時間で時給が一二〇〇円だとしましょう。労働者はこの場合、日給換算で九六〇〇円（一二〇〇円×八時間）を受け取ることになります。いまの世の中ならば、比較的いい時給だなあと思うのが我々凡人でしょうが、当然ながらマルクスの目は節穴ではありませんでした。

マルクスは「いや、待てよ。本当は、労働者はその半分の四時間ほどの働きで九六〇〇円ぐらい稼いでいるのではないか？　八時間働いたのならば、本当はその倍の一万九二〇〇円ぐらい受け取ってもいいはずなのに、半分に減らされているのではなかろうか。その差額の四時間分の労賃は資本家に搾取されているに違いない」と考えたのです。

そして、その労働者が資本家に搾取されている部分の労働を「剰余労働」と定義した、とまあこういうわけです。

「〝ワリのいいバイト〟という言葉に胡麻化されるなよ。そんなものは資本家にとってワリがいいだけだ」と、いまならば相田みつを的に言っていたはずです。この、「労働者に還元されないで、大半が資本家の懐に転がり込む」という構図を「搾取」と指摘したのですから、資本家にとってマルクスは、非常に面倒くさい存在だったでしょう。

超訳と言いすぎを承知で付け加えるならば、「四時間働けばいいんだよ。それ以上働けば資本家の思うツボだよ」と言っていたかもしれないマルクスが、江戸の庶民の暮らしぶりを見たとすれば、なんと言ったでしょう。

落語世界の住人たちが活躍していた時代は、電気も通っていませんから、働くといってもお天道様が照らしている日中の、それこそ四時間ぐらいだったと言われています。「大工調べ」という落語の中で、棟梁の政五郎は「俺たち職人てのはなあ、仕事さえあれば大名暮らしができる」とまで豪語しています。

こういう「腕さえよければいい」という思いが、酒と女と博打（いわゆる三道楽）に傾いたとしても、すぐに軌道修正できるという江戸っ子の気概を生み、「カネなんか使っちまえ」「宵越しの銭は持たない」という行動様式にまでなり、結果として江戸の経済を回すことにもつながったのです。

つまり、江戸の職人たちは、自分の暮らしの主導権を握っていたからこそ、人生を謳歌しているように見えたのかもしれません。

そんな「主導権」について考えさせてくれる落語に「化物使い（ばけものづかい）」があります。

あらすじ

本所に住むご隠居は人使いが荒いことで有名。雇った奉公人は、ことごとく三日間の試用期間すら務まらない有様でした。そこへ桂庵(けいあん)という口入れ屋(人材斡旋業)の紹介でやってきたのが権助。この男はご隠居の言いつけを嫌な顔もせずに見事にこなし、三年も勤め上げたのですが、ある日、辞めたいと言い出しました。その理由が、ご隠居の引越し先が化物屋敷で有名だからというもの。

「ガマンしてお勤めしてきましたが、お化けが出るところは勘弁してもらいたい。おらも、いろんなところで奉公してきたが、お前さんほど人使いの荒い人はいねえ」と捨て台詞を吐いて去っていきます。

「お化けが出るなんてありえねえ」とご隠居は一笑に付しますが、いざ引っ越したその日の夜。ご隠居は独り身の寂しさを紛らわしながらも、布団に入ろうとするとゾクゾクと背中に寒気が走ります。辺りを見回すと、部屋の片隅に見慣れない子供――一つ目小僧が座っています。

ところが当のご隠居は、そんなことで驚くようなタマではありません。一つ目小僧にお茶を淹れさせ、皿を洗わせ、掃除をさせ、肩まで叩かせます。「奉公人を雇う必要が無くなった」とむしろ喜んで、明日はもっと早く出てきてくれなどと言い放ちます。

翌日、再び寒気とともに現れたのは、女のお化け「のっぺらぼう」でした。ご隠居はまたまた驚きもせず、「お前に顔を描いてやる」と好みの顔を描き、酒の熱燗の支度をさせたり、針仕事、洗濯などを言い付けたりするのでした。

またその翌日。今回も寒気とともにやってきたのが、三つ目入道という巨漢のお化け。ご隠居はこれ幸いとばかりに、石灯籠の掃除、池の水さらい、屋根の草むしりなどなど、巨漢にしかできない力仕事をやらせます。

さらにその翌日、ご隠居が化物を待ち構えていると、そこに現れたのは一匹の疲れ果てた小狸でした。なんとこの小狸が、三日間にわたって、一つ目小僧、のっぺらぼう、三つ目入道に化けていたのでした。泣きながら小狸は訴えます。

「お願いがあります。お暇をいただきたいのですが」

「暇？　そりゃ一体どういうわけだ？」

「私もいろんなところに化けて出てきましたが、あなたぐらい化物使いが荒い人はいない」


これは談志の得意ネタでありました。談志本人も述懐していましたが、「俺は人使いが荒いほうだ」とのこと。いやあ、それに翻弄されまくる人生を甘んじて受け入れたのが、私の前座修業でもありました。入門したばかりのころに言われたのが、いままで何冊かの本にも書いてきましたが、「俺を快適にしろ」という言葉でした。以来、とにかく師匠が快適に過ごせるようにと、言われたことに忠実に振る舞うことが要求され、そばにいると次から次へといろんな用を言い付けられる修業の日々が始まりました。ここでうまく処理できないと、罵詈雑言を浴びることになり、大半の見習いは去って行くことになります。その後、師匠の生活リズムに慣れて来ると、今度は芸の上での基準、つまり落語以外の「歌舞音曲」の昇進基準がそこに加わることになります。落語だけ覚えていても前座の次のランク「二つ目」には昇進させてもらえないシステムでありました。

落語のみならず、弟子たちの頭を一番悩ませたのが歌舞音曲でした。

「落語だけなら素人でもできる。昔の寄席で育まれて来た小唄や端唄などの古い俗曲、そして『かっぽれ』や『奴さん』などの寄席で栄えた踊りなどを身に付けておかないと、将来落語家として説得力が出てこなくなるだろう」という談志の判断でした。

談志に指定された歌舞音曲について、稽古を重ねて、後日、見せに行くと、「そうじゃない」「そこはこうだ」などと毎度、毎度、却下される日々が続くことになります。

交通事故で手の骨を折った被害者に詫びに行くと、手だけではなく、「首が痛い」「足が痛い」と言われるような感じでしょうか（いや、別に私は事故など起こしたことはありませんが）。

あまりの無茶ぶりについて、ここで私が思いついたのが「無茶ぶり返し」でした。「唄を十曲覚えてこい」と言われて、「はい十曲覚えてきました」では、師匠にはなんのサプライズもありません。ただ指示をこなしただけで、「主導権」は師匠側にあります。そこで「主導権」を奪うために、「倍返し」を思い付きました。つまり、「唄を十曲覚えてこい」という要求に対して、「師匠、二十曲覚えてきました！」とにこやかに言ってみたのです。すると向こうの顔色が明らかに変わってくるのが見て取れました。それからは、同じように「踊り五曲！」という指示には、十曲覚えて対応するようにしました。

この日のことはいまでもよく覚えています。

「お前、歌舞音曲が好きになってきたのか。俺と価値観が同じだな」とまで言ってくれたのです。

この後、即座に二つ目昇進のお墨付きをもらうことになり、いわば「オセロの隅っこ」を取った形で真打ち昇進トライアルに挑んで合格しました。一四年目にしてようやく真打ち昇進を果たすことができたのです。

前座修業や、この「化物使い」でこき使われる化物たち、そして『資本論』でマルクスが取り上げた労働者たちの筆舌に尽くせない辛さは、「主導権」を失っていることにあるのではないでしょうか。

逆に、自分の腕一本で稼ぐことのできた江戸時代の職人連中、昇進基準を満たすことができた落語家、そして私を含めて自分のペースで働きながら暮らしている人たちに共通するのが、自ら主導権を握っていることなのだと思います。

「化物使い」で言うならば、ご隠居の元を去った権助は、もともとご隠居の言いつけを先回りして目端を利かせて動き続けていたので、辛うじて「主導権」を手にしていたとも言えるのではと思います。

人生とは、もしかしたら主導権という切符を自分なりにゲットするための戦いなのかもしれませんなあ。

無論、主導権というのは悩ましいものです。会社組織に所属したままで主導権を得ようとしたとしても、「組織」に阻まれ、かえって無力感にさいなまれるのがオチでもあります。また性格的にモノも言えず、過労自殺やうつに追い込まれるケースもあります。

では、どうすればいいのか？

まずは、**企業や組織は、知らずしらずのうちに主導権を奪うものだ**という認識を、私たち一人ひとりが心の中で持っておくことから始まるのではないかと私は考えています。だからこそ、自分の人生の主導権を奪われないように、せめてプライベートな時間だけはきっちりと守るんだと心掛けることも必要です。そのために労働法があり、その知識も不可欠です。

実際、パワハラまがいの行為が横行していた私のサラリーマン時代でしたが、それでも休日には、落語を聞いたり、のんびりと好きな時間を確保したりすることで、救われていたのかもしれません。

まずは「人生の主導権だけは奪われない！」という気概を持ちましょう。

注釈・的場スコープ「労働の自由」

江戸の労働者とは、つまり職人ですが、彼らはある意味で強制的な労働に従事（従属）させられる工場労働者ではないので、比較的自由を持っています。職人たちは、労働しないこと、貧乏でも働かないでいることができたかもしれません。だからこそ「宵越しの銭は持たない」という「いき」ぶりを発揮できたのでしょう。少なくとも独立自営業者として。しかし、マルクスが対象とした一九世紀の資本主義の労働者の労働は、工場の中で強制的なものであり、その賃金も生きる最低限であったことを前提にしなければなりません。

第2章 商品（モノ）

資本主義とは商品社会――物象化と「孝行糖」

資本主義社会における富は、「たくさんの商品の集まり」の形をとっている。そして、そのもっとも基本的な単位は、「商品」である。だから私たちの研究――資本主義の研究――は、まず商品の分析から始めなければならない。

許成準『超訳資本論』(『資本論』第一巻一章)

第1章「労働(はたらく)」では、「資本主義とは労働力すら商品になってしまうシステム」なのだと分析しました。そして、資本家は労働者を必要労働以上に働かせて「剰余価値」を生み出し、その労働力を「搾取」するからこそ「利潤」が発生するのだと理解しました。つまり、「労働力という特別な商品だけが価値を生み出す」という特殊性こそが、資本主義だったのです。

さて、そんな資本主義のいびつさをさらに深く示す言葉に**「物象化(ぶっしょうか)」**があります。物象化(ドイツ語:Versachlichung または Verdinglichung、英語:reification)とは、**「人と人との関係が物と物との関係として現れること」**とされています。カール・マルクスが後期の著作(とりわけ『資本論』)で使った概念です。

「ちょっとなに言ってるか、わからないんですけど」とサンドウィッチマンの富澤たけしさんなら言いそうですよね。

談慶流に落語的解釈をすると、**「資本主義社会の浸透によってモノがあふれ、人がモノに左右されてしまうばかりか、気が付かないうちに支配までされてしまう状態」**ということになります。人と人との社会的な関係がゆがめられ、物と物との関係、つまりは守銭奴的に貨幣そのもの自体に「主導権」を握られているような状態と言えるでしょうか。

実は私、これを象徴するような出来事に遭遇しています。

いやあ、前座修業九年半という期間は、ある意味、資本主義社会に背を向けた時間でもありました。それは師匠のワゴン車の中、信号待ちの時でした。師匠から指示された用件について、うまく処理できず、こっぴどく叱られたのです。入門してまだ間もないころでした。

「いいか、ここは俺の価値観で動いてもらうところだ。俺はお前に弟子になってくれと頼んだわけではない。お前が勝手に来たがったから、我慢してやっているだけだ。外の連中とは物差しが違うんだ」と、師匠はワゴンの外を指差しました。

ふと見やると、車体に社名ロゴが印刷された営業車が隣に停車していました。

「ああ、俺もサラリーマンだったんだよな」

つい先日まで、自分はあの営業車を運転していたのだなあと、しみじみ思い返したのです。

「儲けとか利潤ではなく、談志の価値観に合わせて、談志を喜ばせることで芸人としての可能性を見届けてもらう」と、いまならば前座期間の意義について、きちんと補助線が引けたはずなのですが、あのころは、そんな理解力もなく、ただひたすら我慢するだけでした。

「カネが儲けたきゃ他所に行きな」

これもよく言われたものです。

そんな長い下積みを終えて二つ目に昇進した時は、とても嬉しかったものです。落語家全員が納得する感覚ですが、「真打ちになった時より二つ目になった時のほうが嬉しい」のです。

二つ目になってからしばらくして、大学のOB会がありました。顔を広めるチャンスかもと出席してみたのですが、やはり面倒くさい先輩に遭遇しました。

大手企業の部長という名刺を寄越し、私が駆け出しの若手の落語家だと知ると、こう言い放ちました。

「前座に九年半かよ。その間に稼いでいたら、いくらになっていたのかなあ」

いま振り返ると、これこそがまさに物象化的な出来事を象徴するセリフだったようにも思います。

前座のころは「師匠に認めてもらうこと」がすべてに優先する期間でしたから、金儲けは二の次でした。「ひとまずその日、師匠に怒られずに過ごせればいい」。前座初期のころに考えていたのは、このことだけです。

いいや、そういう感覚でないと修業なんてできません。それなのに、この先輩は、「物象化」の立場で私にマウントを取ってきたのでした。

無論あの時、怒りも何も感じなかったのは、「カネや地位で人を評価しない」＝「物象化を拒絶する」という教育を談志から受け続けていたからかもしれません。

注釈・的場スコープ「徒弟修業」

落語家の修業は労働者ではなく、職人の徒弟修業に類似しています。タダ働き（不払労働）は、まさに資本主義以前の師弟関係において存在しました。それを資本主義社会の労働者と資本家との関係に適用すると、失われた不払労働は相当なものです。それを言えば、大学の研究者が就職先（ポスト）を見つけるまでの修業は、不払労働どころか、研究者は授業料を支払ってすらいますので、資本主義的な賃労働概念の外にある職人の世界といえます。だから大学院には「マスター」や「ドクター」という職人の時代の言葉が残っているのです。

こんな思い出を振り返りながら、いまこの本を書いていますが、カミさんがテレビのスイッチを入れると、ＮＨＫのニュース番組が映し出され、痴漢の被害に遭った若い女性がインタビューを受けていました。

その女性は「痴漢には、自分がモノとして見られた屈辱しかない」と静かな怒りをにじませていました。

おお、まさにこれぞシンクロニシティ！　偶然の一致と私は心の中で叫びました。私の中で、つながったのです！

「そっか、二つ目になったばかりの自分にあの言葉を投げかけた先輩も、痴漢も『人をモノとしてみなす』物象化という点では一緒なのか」――と。

やはり、物象化は「下品」なのでしょう。談志がよく「俺は口は悪いが下品じゃない」と言っていたことを、ここでまた思い出しました。

さて、落語には、物象化とはほど遠い人物ばかりが登場します。

その最たる存在が、ご存じ与太郎です。そんな与太郎と彼を取り巻く人たちのおかしくも微笑ましいやり取りを描いた落語に「孝行糖（こうこうとう）」があります。

あらすじ

与太郎の「親孝行ぶり」が奉行所から表彰され、褒賞金として「青挿し五貫文（あおざしごかんもん）（＝

麻ひもに通した一文銭の束五本。一本当り、一〇〇〇枚、つまり五〇〇〇文）」を与えられます（青挿し五貫文は、「お上からの褒美」の象徴です。ちなみに、現在の通貨価値に直すと一文＝約三二円）。

大家さんをはじめとする長屋の住人は、与太郎が褒賞金を遊びに使ってしまうだろうと考えて、とある商売を思いつきます。

昔、東西の歌舞伎役者の嵐璃寛と中村芝翫のコンビが評判を呼んだ時に、「璃寛糖」と「芝翫糖」という飴を売り出して儲けた飴屋があったとのこと。それにちなんで、与太郎に飴を売らせたらどうか、と。長屋一同が「それはいい考えだ」と賛同し、飴の名を「親孝行」を表彰されてもらったお金を元に作った飴だから、「孝行糖」と銘打ち、そればかりではなく、鉦、太鼓、派手な衣装（いわゆるコスプレ）で、飴を売る際の口上をも考えてやって、与太郎にやらせることにします。

「孝行糖、孝行糖。孝行糖の本来は、うるの小米に寒晒し。カヤに銀杏、肉桂に丁字。チャンチキチ、スケテンテン。昔々もろこしの、二十四孝のその中で、老莱子といえる人。親を大事にしようとて、こしらえあげたる孝行糖。食べてみな、おいしいよ、また売れたったらうれしいね。テンテレツク、スッテンテン」

与太郎は、バカ正直に雨の日も風の日も地道に飴を売ります。そのうえ「この飴を食べさせれば子供が親孝行になる」という評判まで立って、さらに売れ行きは良好です。

ある日、与太郎が小石川後楽園の水戸様のお屋敷の前を、「孝行糖、孝行糖」と言いながら鉦や太鼓を打ち鳴らして通ろうとしていますと、ここは「鳴り物禁止」。門番が「御門前によって、鳴り物は相ならん」と注意しても、そうとは知らない与太郎は気付きもせずにさらに大音響で行こうとするもんだから、怒った門番は六尺棒で与太郎を打ちすえます。ちょうどそこを与太郎をよく知る人が通りかかり、門番に謝罪し、許してもらえるよう訴えます。

泣き崩れる与太郎に「あんなところで騒ぎながら売るヤツがあるか。泣くんじゃない。どこどどこを殴られたか言ってみろ」。与太郎は頭と身体を指差して、「こぉこぉとぉ、こぉこぉこぉとぉ（こことと、ここ）……」。

オチがバカバカしくて最高だなあといつも思います。

が、この落語の素晴らしい点は、「与太郎の幸せを長屋のみんなで祈る」「ただの飴に付けられた『親孝行』という名称の付加価値」「みんなの願いに与太郎が素直に応える」「雨の日も風の日もコツコツ売り続ける」「六尺棒で叩かれていてもオチを言うサービス精神」などなど、いまに生きるヒントが多数あるところではないでしょうか。

与太郎と長屋の住人との共通項は**「アンチ物象化」**なのかもしれません。

他人様を値踏みする物象化行為はやはり下品なのです。物象化とはほど遠い落語に、なにやら上品な香りがするのはそのせいかもしれません。自分がいまでも物象化とは馴染まない日々を送れているように思えるのは、あの談志からの厳しいしつけのおかげだったんだなあと改めて手を合わせています。

もっとも、我々は資本主義の世界で生きているのですから、物象化から完全に逃れることができないのは百も承知なのですが……。

注釈・的場スコープ「物象化とアンチ物象化」

二〇世紀初期のルカーチ以降にとりわけ問題になり始めた、資本主義社会がもたらす物象化とは、商品生産社会が人間を生産と消費双方において、ものとものとの関係として出現するということです。『資本論』第一巻第一篇「商品と貨幣」を読まれることをお勧めします。

「アンチ物象化」に関して。江戸時代はいまだ貨幣経済が浸透しておらず、ましてや資本主義的な利潤獲得が目的となった社会ではありませんでした。だからこそ、人々はすべてを貨幣で考えることはしませんでした。その意味では「アンチ物象化」というより、ノスタルジーをかき立てる「物象化以前」と言ってもいいでしょう。

「物象化」に抗うささやかな作法――「三方一両損」

談志という存在を一言で無理やり言い表すならば、「合理性」と言えるでしょう。何事においても「合理性」を追求する芸人人生でした。

落語家の稽古を言う古来からの言葉に、「三遍稽古」というのがあります。いまとなっては、伝説となってしまった稽古スタイルです。これはまず、自分が学びたいネタを得意とする先輩の元に若手が行って、その落語を三回演じてもらいます。これは、三日連続の場合もありますが、日を空ける場合もあります。つまり、若手は三回同じネタを聞かせてもらうことになります。そして、四回目には、教わったネタを先輩の前で口演し、チェックを仰ぎ、かつ上演許可をもらうのです。これは、録音機器のなかった時代の芸を継承する口伝法ともいうべきものでしょう。

一回目で大まかなストーリーの流れを把握し、次に細かいセリフを頭に入れて、最後に手の振りや仕草などを叩き込むというような手順ですが、もはや完全に過去のものでありつます。いまはスマホのボイスメモの機能もあり、よほど演者個人のオリジナリティに富んだ演出が必要とされる演目以外は、勝手に覚えて口演してしまう時代でもあります。

談志の若手時代には、やはり先輩の得意ネタをキャリアの近い落語家同士で稽古をつけてもらいに行ったと、談志がよく述懐していました。

ある日、談志は、後輩の橘家圓蔵師匠と二人で、先代・文楽師匠の元に「寝床」を習いに行きました。おそらく三遍稽古が主流だったころでしょう。談志はこともあろうに一回目の「寝床」を語り終えた大先輩に向かって、「師匠、続けてもう一席やってもらえませんか？」と言い放ったそうです。

いまとなっては、天国に旅立ってしまっているお三方ですから、事実の確かめようはありませんが、多少の脚色はあるにしろ、おそらくこれに近いことは言っていたのでしょう。

旧態依然としたものすべてに疑念を抱いた談志でしたが、「立川流」の創立こそ、その具現化の最たるものでした。自分が一門のトップに立ち、周囲を気にせず弟子たちを相手に、存分に自分の世界観を開陳し始めたのです。

弟子たちからのお中元とお歳暮といったものまでが、その一環でした。通常、中元・歳暮といえば、贈る側が感謝の意味を込めて先方に持参するものですが、談志はここも改革させたのです。曰く、「弟子たちにバラバラに持って来られても迷惑だ。かと言って師匠の俺になにも寄越さないのも失礼だ。そこで、俺が欲しいものを指定するから、それをみんなで頭割りしろ」。

なんたる合理的差配でしょう。理屈はわかるのですが、間に入る弟子はけっこう大変でした。その時期が近づくと、師匠の欲しがっているものを、お伺いを立てて、ある時はトイレのウォシュレット、ある時はガス湯沸かし器、またある時は液晶テレビなどなど、高額な品を真打ち、二つ目で均等になるように割って購入したものでした。

談志はそういう意味でいうと、とてもわかりやすい人でした。私も入門前には一ファンとして、盆暮れには、当時住んでいた福岡から明太子などの名産を贈りました。そして、返礼に直筆の礼状が届けられると、それはもう嬉しくて、会社員時代の同僚に鼻高々に自慢したものでした。

長くなりましたうえに、これをさらに飛躍させてみますと、中元・歳暮こそが「物象化」そのものなのではないでしょうか。「お世話になっています。今後ともよろしくお願いします」という発信者からの訴えを受信者が読み解く行為は、ドライに見つめれば「精神（気持ち）が物質として表現されている」という意味で、人と人の関係をモノとモノの関係に置き換える行為であります。人間関係は見えませんが、モノとモノの関係は可視化されるからです。

注釈・的場スコープ「お中元とお歳暮」

はっきり言えば、これらは資本主義的概念ではないといえます。正札商売、すなわち貨幣以外はどんなサービスも受け取らないという〝清潔〟な世界が資本主義です。お中元やお歳暮は、ある意味不均等な交換なのです。師匠が弟子に毎日ご飯を食べさせる。しかし、弟子はお中元一つでいい。これは不等価交換です。さらに、田沼意次のように身分や利権において金品を請求するのも不等価交換です。そもそもこうした贈与は、資本主義以前の経済の問題であって、いまではそれをうっかり受け取ると汚職となりかねません。贈収賄とはこのことです。このような「アンチ物象化」は犯罪となりかねません。

かようなモノとモノとの距離感を「物象性」というのならば、いわゆる談志の「物象性」はとてもわかりやすく、かわいさすら感じるものでした。

少なくとも「あ、こいつが舟和の芋羊羹なのに、あいつはとらやのおもかげ」などと、値段やブランドで発信者の気持ちに優劣を付けようとすることはまったくありませんでした。それよりも、「楽屋見舞いのあの野沢菜漬けはうまかった。お礼状を書くから住所を調べておいてくれ」などと感謝を表す手間を惜しまない人でした(あ、そんな談志が書いたお礼状も、メルカリでは売れそうですよね。いやはや、メルカリは物象化を具現化したシステムなのですな)。

さて、そんな物象化が進行する状態を「物神崇拝(フェティシズム)」と呼びます。マルクスはこれをさらに**「貨幣の物神性」**と呼びました。

その最たるものが奴隷制度です。奴隷制度とは、人間が相手の人間の主体性を奪い、強制的に労働させる制度です。つまり、人間を物として扱うシステムです。近代化以降、壊滅した制度ではありますが、資本主義が逆にこれを違う形で発展させてしまうことになりました。**資本主義とは、資本家に対して、他に売るモノを持たない労働者が、自身の労働力を売るしくみ**です。つまり、人間を「手段としての物」として扱うのであり、そこでは「物象化」が起こっているといえます。

「最低賃金」などのある意味で聞こえのよい言葉を設けることで、「奴隷制度」と悟られないように巧妙化させたシステムが資本主義なのでしょう（皮肉ですが）。人間関係にまつわるすべての事象をモノとモノの関係にさせてしまうのを「物象化」と呼ぶのならば、それが顕在化しないようにあざとく機能させてしまうのが資本主義の本質なのかもしれません。そして、資本主義が動き出した以上、誰にもそれは止められないのですから、物象化→物神崇拝→金儲けという非人間的な流れは必然なのでしょう。

注釈・的場スコープ「貨幣の物神性」

物象化が人間と人間との関係を問題にするとすれば、貨幣の物神化は、貨幣を神と仰ぐことを意味します。もともと貨幣は商品を媒介する等価物（商品）ですが、その中から特殊な商品として貨幣が選ばれます。金や貝殻など、いろいろな物が使われましたが、共通しているのは、それ自体が価値を持つ神がかり的な力を備えていることです。だから貨幣は崇め奉られるのです。

さて、「金儲け」が結局、人をモノとして扱うことであって、それが「物象化」だとしたら、そんなサイクルから江戸っ子たちを遠ざけた処方箋のような落語があります。それが「三方一両損」です。

あらすじ

左官の金太郎が、道端で三両のカネが入った財布を拾います。中に入っていた書付を見て、財布の持ち主が大工の吉五郎とわかり、その家を訪れます。

江戸っ子である ことを身上とする吉五郎は「俺の懐から飛び出したカネはもはや俺のものじゃねえ、てめえにくれてやらあ」と受け取りを拒否します。金太郎もまた江戸っ子、「冗談じゃねえ。そんなものもらえるわけねえ」と吉五郎に受け取れと言い張るのです。お互いが江戸っ子をこじらせるかのように三両を拒否し合った結果、ついには現在の裁判所に当たる奉行所に持ち込まれることになります。

そして、名奉行・大岡越前（大岡忠相（ただすけ））が裁くこととなったのです。

双方の言い分を聞いた越前は、どちらの言い分も正しいと認めます。そのうえで、白らの一両を加えて四両とし、二両ずつ金太郎と吉五郎に分け与えるという「痛み分け」の裁定を下します。つまり、金太郎は三両拾ったのに二両しかもらえないので一両損、吉五郎は三両落としたのに二両しか返ってこないのでこちらも一両損、そして大岡越前はこの裁定のために懐から一両を出したので三方一両損、と。

そしてお裁きの後、双方仲直りの宴席がその場で設けられました。あまりの美味に急いで食べようとする両者でしたが、奉行は「大食いは身体に悪い」と諭します。そこで、二人は「多くは（多かあ、大岡）食わねえ。たった一膳（越前）」と応えたのでした。

この噺こそ、落語の持つ爽快感そのもののような気がします。語る落語家が気持ちよければ、聞いているお客さんも気持ちいいという「江戸っ子の気風」による清涼効果を双方が満喫できる一席です。現代が世知辛いからこそ余計にそう感じるのかもしれません。

さて、この落語、その後の金太郎と吉五郎はどうなったでしょうか？

私の予想では（期待も込めていますが）、おそらく両者単純で似た者同士ですから、怪我の功名からか、肝胆相照らすような仲良しになったのではないでしょうか。この宴席の帰りに、兄弟分の盃を交わしていそうですよね。

つまり、ここからはかなり「超訳」しますが、この落語は、「物象化を極力さけたことによる余禄はかなり大きいよ」と暗に訴えているのではないかと想像しているのです。**「損して得取れ」**の具現化バージョンこそ、この「三方一両損」ではないでしょうか。じゃないと、この落語がいまでもきっちりお客様に受け入れられている事実が説明できないような気がするのです。「金太郎が拾った金を吉五郎がただ受け取っただけだった」としたら、この落語はそもそも生まれません。また「届けてやったんだから、いくらか寄越せ」と万が一、金太郎が言っていたとしたら、今度は金太郎の子孫が「お前の先祖はせこかった」と末代まで言われかねません。カネにまつわる話はいつの時代もセンシティブです。江戸っ子には、きっと**「カネを儲けることで失うものもあるかもよ」という予感**があったのでしょう。

注釈・的場スコープ「損して得取れ」

すべてが貨幣で計算される社会では、「実を取る」という考えが通りません。だから、「取るか、取られるか」になるのですが、貨幣以外に価値を見出せれば、対立しなくてもいいことになる。ここでの話は、多様な価値観が支配していた資本主義以前らしい話です。

ユダヤ小話を一つ。三人の息子に遺産分けをした父の話です。長男には金、次男には土地、三男にはあげるものがなく、人間関係をあげたというのです。結局、最後の三男が一番得をしたということです。

いやあ的場先生のご指摘の通り、物象化自体は様々な議論がある非常に難しいテーマであることは百も承知です。解釈が分かれるセンシティブな語句なのも知っているつもりですが、ここはひとつ私流に「落語的面白さ」を優先してお付き合いいただければと存じます。どうか「落語家の言うこと」とご理解くださいませ。そして「的場スコープ」とともどもご愛読くだされば幸いです。それにしても、「的場スコープ」を読んでいると、賢くなったような気分に浸れるから不思議です。

イノベーションとしての「開帳の雪隠」

ジョン・ステュアート・ミルは、その『経済学原理』の中で言っている、「すべての従来なされた機械の発明が、何らかの人間の日々の労苦を、軽減したかどうかは疑問である」と。（注・省略）

しかし、かようなことは、決して、資本主義的に使用される機械装置の目的ではないのである。労働生産力のすべての他の発展と同じく、機械装置は、商品を低廉にするためのものであり、また、労働者が自分自身のために必要とする労働日部分を短縮して、彼が資本家に無償で与える他の労働日部分を延長するためのものなのである。機械装置は、剰余価値の生産のための手段である。

生産様式の変革は、生産様式の変革は、工場手工業（マニュファクチャ）にあっては労働力を、大工業にあっては、労働手段を出発点とする。したがって、まず第一に研究すべきは、何によって労働手段は、道具から機械に転化されるか、あるいは、何によって機械は、手工用具から区別されるか、ということである。ここで考えられるのは、大きな一般的な諸特徴だけである。社会史の諸時代も、地球史のそれと同じく、抽象的な厳密な限界線によっては、区画されないからである。

マルクス『資本論』第一巻一三章

こんな小噺があります。

男二人が会話している。

「おい、一万円以上の値打ちのある儲け話があるんだけど、聞きたい？」

「一万円？　必ず儲かるのか？」

「ああ」

「わかったよ」

と言って、男はその男に一万円を払います。

「おい、本当に儲かるんだよな。教えてくれよ」

男はその一万円を懐にしまいながら、笑って言いました。

「いま、俺がやったのと同じことを他所でやればいいんだよ」

くだらないながらも、よくできていますよね。

本項冒頭のジョン・スチュワート・ミルが暴いた真理もこれじゃないかと思うのです。

つまり、機械を導入して得られた利益は、その機械が一般的に行き渡るようになってしまえば、儲からなくなるということです。資本家は慈善事業で資本を動かしているわけではないのです。**機械の導入により、労働者の労苦は軽減したとしても、同時に労働者の単価（時給）が安くなるだけ**です。労働者の単価（時給）が安くなったら、同じように「労働力の再生産費＝給料」も結果として安くなるだけなのです。そして、みんな（他の事業者）が機械の導入にシフトしてゆけば、結果として同業者に真似されることになり、ありきたりな平凡な光景へと落ち着いていくだけなのです。

子供のころ、学研の「科学」と「学習」という月刊誌がありました。私は迷わず「科学」を定期購読し、「バイメタル」を利用した風呂が沸いたことを知らせるブザーなどを作っては失敗していたものでした。この雑誌は小遣い程度の価格で買えるものですが、子供たちが身近な日常から科学に興味を持てるような企画を考えるという、編集部内での壮絶な戦いがあったのではと想像できます。

特に同誌でむさぼり読んだのが、小学校四年生の一九七五年だったと覚えていますが、

「あと二五年後、二〇〇〇年には世の中はこうなる」という趣旨の特集でした。「二一世紀にはテクノロジーが発達して、空飛ぶ自動車で瞬間移動もできるようになる。離れたところに住む人とテレビ電話で会話ができる」などとカラフルなイラスト入りで描かれていたもので、**自分が三五歳になる二〇〇〇年のころには、貧富の差もなくなり、みんなが豊かになっている**、というような論調だったのをいまはっきりと思い出しています。

でも、実際はどうでしょう。

その二〇〇〇年から、さら二〇年以上経ちました。

瞬間移動はできないにしても、東京－大阪間を約一時間で結ぶと喧伝されているリニアモーターカーは、まだ先の話であるばかりか、それが通過する静岡県内では地下水が減るなどの環境問題が大きな課題になっています。また「離れたところに住む人とテレビで会話できる社会」は携帯電話の進歩によって実現し、またこのコロナ禍でズーム会議も一般化し、多くの人がその恩恵に浴したことは否定できません。しかし、人間のコミュニケーションの問題など、現時点で軽々に判断できるものではなく、またこの他にも文明機器、システムなどの急速な進化・変化によって、公害をはじめとするさまざまな問題が指摘されています。

科学の進歩は果たして人間を幸福にしたのでしょうか？

「お前が思いつくようなレベルのこと（要するにイノベーション）なんて、みんながすでに思いついているんだぜ」というようなことを皮肉っぽく描いた落語があります。

それが、「開帳の雪隠（せっちん）」という落語です。

あらすじ

両国の回向院の前で駄菓子屋を営む老夫婦の会話から始まります。駄菓子屋は、子供の駄賃を当てにした商売ゆえ、さほど儲からないばかりか、「お便所（雪隠）を貸してください」というお客ばかりで、店主夫婦は辟易していました。そこで主は、参拝客への「貸し便所（一回八文）」を思いつき、便所をキレイに掃除し、手拭いも新しくして始めてみると、これが大当たり。女性が気兼ねなくゆっくり用を足せるとあって評判になりました。

老夫婦の目論見通りでしたが、ある日から客足が急に悪くなります。おかしいなと思っていると、はす向かいの雑貨屋でも同じように「貸し便所（一回八文）」とやっていたのでした。後発の雑貨屋の便所は、駄菓子屋の便所より新しく、キレイで快適。そのあおりで儲からなくなった駄菓子屋の主は、「俺の信心が足りないせいかもしれない。明日はお参りに出かける。帰りは遅くなると思う」と言い、弁当持参で翌朝早くに出て行きます。すると、その日は、普段と打って変わって参拝客が引きも切らず駄菓子屋に来店し、「お便所を貸してください」と大にぎわいとなるのでした。

日が暮れて、参拝客がいなくなったころ、主が帰ってきます。

「爺さん、今日は次から次へとお便所を借りるお客が相次いで大変だったんだよ。こんな忙しい時に、一体どこにお参りに行っていたんだい?」

「俺か? いや、お参りはやめて、あの雑貨屋の雪隠で、一日中ずっとしゃがんでいた」——。


短い割にはとてもよくできていて、ウケもいいところから、こういう類の噺を「逃げ噺」とも呼び、時間がない時などによくかけられる演目です。

この落語、実は深いのです。

まず「貸しトイレ」を考えたことです。カネを取るような場所ではないのが、一般的なトイレのイメージです。いわばどちらかというと、「トイレ」は、斎藤幸平さんのベストセラー『人新世の「資本論」』(集英社新書)の中の「共有財(コモンズ)」、すなわち「社会的に人々に共有され、管理されるべき富」に属する存在に近いのかもしれません(公園の公衆トイレがその代表格ですよね)。

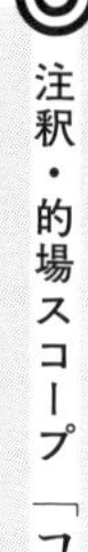

注釈・的場スコープ「コモンズ」

資本主義経済の社会であっても、すべてが私有化しているわけではありません。むしろ共有財産がかなりの部分を占めています。国家や市場だけでなく、組合や共同体、公的基金などが多くの資金を持っています。しかし残念ながら、それらの資金ですら、資本の運動から出ることは簡単ではないのです。資本主義＝私有財産制度ではありません。私有財産を使った利潤増大のシステムです。だからシステムがある限り、コモンも簡単に資本の運動から出られないのです。年金基金を考えるとわかると思います。

無論、近年「有料トイレ」もいたるところに登場し、「カネを払ってまで快適に過ごしたい」という意識も芽生えつつあります。

が、この落語が作られた江戸時代の「共有財」的存在たるトイレでひと儲けしようと企む行為は「思考のイノベーション」とも言えるのではないでしょうか。

そして、そんな思い付き的イノベーションですが、当然ながら付近の同じような環境で商売を営む雑貨屋に真似されて、その優位性・希少性を失っていくことになります。オチは秀逸ですが、とはいえ、このオチとて、同業者に真似されて新鮮味がなくなっていくのではないでしょうか。

つまり、飛躍させますと、この落語は「先発企業が後発企業に抜かれて行く様」を予感させた作品なのかもしれません。

「感受性ならば俺より、お前たちのほうが上だ。あとから来る奴にはかなわない。キリストはパソコンを扱えなかったろ」と談志はよく言っていました。と、同時に、師匠として弟子には負けてなるまいという気概をいつも持っていました。

立川ワコールを名乗っていた若手のころ、談志の前座を務めた時に、マクラが異様にウケたことがあったのですが、あとから上がった談志のマクラがそれ以上で、さらに会場を爆笑の渦にしたことがあります。談志は一言、「どうだい、さっきのワコールより面白かっただろ」。そりゃ当たり前と思ったものですが、「弟子よりも絶対にウケてやる！」という心意気も、師匠と呼ばれるべき先達が自らに課す矜持なのかもしれません。こんな緊張感が、縦糸となっているからこそ落語界は連綿と続いているのではないでしょうか。

かくいう私だって、あとから来る後輩各位に負けてはなるものかと、『落語で資本論』という無茶ぶりの本をこうして書いているのです。

共有財＝コモンとしての落語――「金玉医者」

私有財でも公共財でもない共有財「コモンズ」について、前項からの続きです。先にも触れた斎藤幸平さんの『人新世の「資本論」』では、「コモン」とは「社会的に人々に共有され、管理されるべき富」と定義していましたが、「市場原理主義のように、あらゆるものを商品化するのでもなく、かといって、ソ連型社会主義のようにあらゆるものの国有化を目指すのでもない。第三の道としての〈コモン〉は、水や電力、住居、医療、教育などといったものを公共財として、自分たちで民主主義的に管理することを目指す」と述べています。

そして、「大地＝地球を〈コモン〉として持続可能に管理する」ことで初めて「平等で持続可能な脱成長型経済」が実現すると述べ、マルクスが『資本論』のラストで訴えたコミュニズム（＝コモン主義）へとつなげるというのです。

コモンとは、私有財（Private Goods）や公共財（Public Goods）と、対になる共有財（Common Goods）という概念です。公共財に近い感覚でしょうが、公共財が道路や公園など広く一般に開かれた「公的」なイメージを喚起させるのに対し、共有財は集落や会員組織などメンバーシップが限定的であって、「いくぶん私的」な感覚です。かつて日本の村落で見られた「入会林野」と呼ばれる集落の共有林のほか、漁業権や鑑札が必要とされた河川や沿岸海域の使用権などは、コモンズの代表的な例です。つまり、そこに住むコミュニティのみに利用され、還元される共有の財産といったところでしょうか。

国有化でもなく、商品化＝私有化でもない、つまりは「共有化」（＝コモン）。

そして私は、**古典落語および落語家を取り囲む環境こそ、まさに「コモン」ではない**

かと考えているのです。

古典落語には著作権がありません。落語家個人のオリジナルな演出が、よほどハッキリした部分以外は、誰でもフリーに上演可能なのです。実際、大学の落語研究会などアマチュアの世界では、それぞれ好き勝手に落語をやっているものです。プロの世界とて基本はほぼ同様です。それぞれの落語家が、それぞれに古典落語をカスタマイズし、たとえば「俺の文七元結」「俺のらくだ」というような感じで、自家薬籠中のものとしています。

談志の晩年には、本人自ら「ミューズが舞い降りた」「俺の芝浜」と言うほどの名演だった「よみうりホールの芝浜」がその代表格となりました。二〇〇七年一二月一八日のことでした。亡くなる四年前です。談志は、あの口演を頂点としてフェードアウトしていったとさえ言えるでしょう。その結果、「談志＝芝浜」というイメージが定着していった感さえあります。私は、その「芝浜」の実演は観られませんでしたが、以降、体調の悪さと折り合いをつけるかのように、かつての熱演ではなく、ウィスパーボイスでささやくような落語を、何度か袖で見届けることができました。剛速球投手が、肩を壊してから技巧派投手へと転換してゆく、そんなイメージでしょうか。

そんな「打たせて取る」タイプの落語の代表格に「金玉医者（きんたまいしゃ）」があります。

あらすじ

とある旦那に長年患っている娘がいました。娘の病は精神的なもので、多くの名医たちが手の施しようがないと嘆いていました。そこへ現れたのが見るからにインチキくさい自称・医者の男で、治療自体も、病人を前にして「世の中は広大無辺なり」「愛こそすべて」などと唱えるばかり。

ところが、あにはからんや、娘は意外にも、病から回復したのです。

久しぶりに娘の笑顔を見た旦那が、〝医者〟にどんな治療をしたのかと尋ねると、小難しい説教をしながら、ふんどしからはみ出させた金玉（睾丸）を覗かせていただけだったと言うのです。

口では立派なことを言っているくせに、金玉を見せているそのギャップに娘は笑い、笑っているうちに心をほぐされて、回復していったというのです。

「はみ出した金玉にベラボウなカネを払っていたとは」と旦那は怒り、「そんなことなら俺でもできる」と、娘に自分の金玉を見せたのですが、それを見た娘は目を回して倒れてしまいます。

慌てた旦那は先の医者に泣きついて、「先生を真似して、金玉を出してやってみたら娘が倒れまして……」「どういう風に見せました？」「丸ごとボロンと」「いっ

―ぺんに全部見せた? そりゃいかん、薬が効きすぎた」。―

あらすじを書くのも面倒くさくなるほどのバカバカしいネタですが、この落語には実はとても深い思い入れがあるのです。

二つ目の後半期、「真打ち昇進トライアル」というのを行なうのが立川流の掟でした。談春、志らく両師匠は、私が前座の時に激しいデッドヒートを演じて、このトライアルをクリアし、真打ちへと羽ばたいていったのです。

私も先輩方の背中を追おうと、師匠談志、そして助演に談春兄さんを招いて「真打ち昇進トライアル」を企画しました。「不動坊」と「藪入り」という談志が絶対やらないネタで挑みました。「落語以外の歌舞音曲」も昇進基準の一つですから、「不動坊」では音曲の一つである都々逸を入れ、「藪入り」は、大ネタの演出とオチを変えて「真打ちとしての相応しさ」を判断してもらおうという趣向でした。結果として「『藪入り』なんて俺は絶対やらないが、もしやったとしたらお前と同じ演出になる」と談志に言われ、真打ち昇進の切符を手にすることができました。

「不動坊」「藪入り」はともにトリネタにもなる大ネタでしたが、談志がその時にやったのが「金玉医者」でした。

談志は語り終えた後、「お前もいつかは下手にやりたくなる時が来るはずだ」と私に言いました。「芝浜」が剛速球ならば、「金玉医者」はナックルボールみたいな感じでしょうか。あらすじを読めばおわかりいただけそうですが、お客さんの反応も含めて予測不可能な変化を持つ不思議な感覚に包まれる噺です。

談志はこのネタに、落語家人生後半生のテーマである「イリュージョン」を盛り込んでいました。

イリュージョンとは「人間の理路整然としていない部分をいかに掬い上げるか」がテーマで、落語家人生の前半戦で主に唱えていた「人間の業の肯定」とはかけ離れた世界観です。

剛速球から、変化球へ。ピカソで言うならば、緻密なデッサンを描いた若手のころからあの「ゲルニカ」へ。談志の場合は、「芝浜」「らくだ」から、「金玉医者」へ、だったのです。

ここでふと思いました。共有財としての「入会林野」「漁業権と鑑札」が、落語界における自分の師匠の持ちネタの上演権とするならば、そんな上演権を得るために「徒弟制度」があるのではないかと。

共有財、すなわち「そこに住むコミュニティでのみ利用され、還元される共有の財産」とは、「自分の師匠の持ちネタ」に相当します。いわば、「師匠のネタを優先的に上演する権利を有する」のが弟子という立場なのでしょう。そして、そんな弟子という立場(その師匠のネタの上演権)をゲットするための信用確保のための期間こそが、前座修業というわけです。

前座時代が苦しかったのは、談志のネタの上演権確保という将来の投資だったからなのかと、『資本論』を勉強して、やっといまごろ気づきました。

談志も、弟子に対して「俺と同じ価値観の奴しかいらない」と厳しく接してきたのは、「俺が認めた奴以外に、俺が命がけで編み出した落語を受け継がせたくはない」という思いからだったのでしょう。そういう意味で考えてみると、前座期間のコストは決して高いものではなかったのだなあとしみじみ振り返る次第です。

誰でも前座からスタートし、徒弟制度を全うして二つ目、真打ちになれば、好きな師匠のネタを思う存分に口演できるという意味でいうと、落語界はとても公平な世界だよなあと改めて胸を張りたい心持ちであります。

やはり、落語とマルクス、つながりますね。**「落語はコモン!」**。

そういえばかつて立川流には「コモン」ならぬ顧問に作家の吉川潮(よしかわうしお)先生がいました。吉川先生のお口添えもあり、私は真打ちへのアクセスもスムーズに行ったことを思い返しています。ありがとうございました。

鑑札という社会主義制度

落語には、数多くの物売りが出てきます。入り組んだ江戸八百八町を、棒手振りが、闊歩していく様は落語の定番です。本書でも先に出てきた「孝行糖」をはじめ、「豆屋」は持ち時間が少ない時に笑わせて降りることが出来る「逃げ噺」でありますし、「ざる屋」は、ゲン担ぎがテーマで先代・金原亭馬生師匠の名演が光りますし、「時そば」は冬の定番であり、これらにはみな物売りが登場します。同様の「かぼちゃ屋」については、本書の後半で取り上げたいと考えています。

天秤棒の両端に、商品の入った箱や籠を吊り下げ、肩に棒をあてがい、行く先々で、魚・野菜など食材や食器、箒などといった日用品を売り歩く棒手振りのスタイルは、時代劇でもお馴染みですが、まさにこれこそ**江戸のウーバーイーツ**ではないかと、拙著『安政五年、江戸パンデミック。』（エムオン・エンタテインメント）で書きました。

これらは、庶民が都市で簡単に営むことができる商いではありますが、むやみやたらと誰でもできる商売ではなく、「振売札」（棒手振りの許可証）という鑑札（営業許可証）が必要とされていました。

調べてみますと、幕府の方針として、五〇歳以上の高齢者、または一五歳以下の子供、そして身体が不自由な者に、振売札（鑑札）を与えるという基準があったそうです。

「火事と喧嘩は江戸の華」とまで呼ばれた江戸です。当時、世界最大の密集地帯ゆえの人災の象徴である「火事と喧嘩」が多かったことでしょう。それをむしろ「華」としてしまうところに江戸っ子のやせ我慢が垣間見えてくる感じがします。

江戸時代というのは、不慮の事故や災害で命を落とす者たちであふれていたのでしょう。つまり「棒手振り」は手軽に稼げるという意味で、福祉的な制度でもあり、まただからこそ、安易に参入させると混乱が生じるので「鑑札システム」が必要とされたのでしょう。

ここで極論を述べてみます。

かような「鑑札システム」はまさに「資本主義のブレーキ機能」のような先駆的制度ではないか——と。

いや、無論これらは前近代的なシステムには違いないのですが、「ただでさえ景気の悪いところへ持って来て、規制緩和で他業種から参入もして来るし、参ったよ」などというタクシーの運転手さんが口にする愚痴を聞くたびに、「前近代的な制度があった時のほうがむしろ守られていたような感じがする」と思うのはとても皮肉ですよねえ（許認可を得ている事業者の「既得権」という考えもありますが）。

ところで、「豆屋」のマクラにこんなのがあります。

鰯屋（いわしや）が賑やかに威勢よく売り歩いています。

「おーえー、イワシ来い、おーえい、イワシ来い」

その後を日用品である篩を売る商人が、地味に続きます。

「おーえー、イワシ来い、おーえい、イワシ来い！」

「ふるーい、ふるーい、ふるーい」

「イワシが古い」と聞こえるじゃねえかと、鰯屋は怒り、篩屋に向かって他所に行けと言いますが、篩屋は篩屋で、「ここがいつもの商売の道だ」と言って譲りません。「じゃあ、お前が先に行け」「あたしは、どっちでもいいですよ」と話がまとまり、篩屋が鰯屋の前を歩いて声を上げると、

「ふるーい、ふるーい、ふるーい」

「おーえー、イワシ来いって、同じじゃねえか！」

と、とうとうケンカになります。ここに現れるのが下金屋。下金屋とはあちらこちらから古くなった金属製品を回収する商売です。「仲裁は時の氏神」（いい言葉ですよね）と言って、仲裁役を買って出ます。

　冷静になった鰯屋と篩屋が順に売り歩き始めます。

「おーえー、イワシ来い、おーえい、イワシ来い」

「ふるーい、ふるーい、ふるーい」

と、やっていると、後からこの下金屋が、「えー、ふるカネえ（古くはねえ）、ふるカネ

え（古くはねえ）」と訂正して歩いたという、実に牧歌的な小噺ですな。

考えてみたら我々落語家も、「プロとして生きて行く」という覚悟を意味する「二つ目」「真打ち」という身分制度は「鑑札システム」と同じではないかと感じています。

立川流は、特に前座期間が長いことで有名になりました。

私が入門する前は、談志が著書『あなたも落語家になれる 現代落語論其二』（三一書房）の中で「落語五〇席覚えれば二つ目」と明確に昇進基準が示されていました。

大学二年でこの本に接した私は、立川流がとてもまぶしく思えたものです。

「落語を五〇席さえ覚えれば、誰でも二つ目になれる」

二つ目というのは、魔力の響きすらある身分です。つまり、それだけ「見習い」「前座」という身分は**員数外**（いんずうがい）、つまり、落語家としてはカウントされない厳しい立場なのです。要求されるのは滅私奉公。前座の分際で〝自分語り〟などしようものなら、先輩落語家各位から一斉に攻撃を受けます。

わかりやすく言うと、楽屋でお茶を淹れなければならない立場が「前座」ならば、お茶を淹れてもらえる立場が「二つ目」「真打ち」なのです。天と地ほどの開きです。「真打ち」というのは、弟子を取ってもいい立場であって、今度は次世代を教育しなければならないので、業界への責任も重くなりますから、落語家の誰もが「真打ちになった時より、二つ目になった時のほうが嬉しい」という気持ちを持っているものなのです。

「五〇席の落語を覚えたら自動的に二つ目に昇進できる。ならば、毎月二席覚えてゆけば、二年ちょっとで二つ目に昇進できる」＝「細かい楽屋作法や雑務などは二年で終えられる」という浅はかな夢を持って入門してきた私のような若者は、談志にはお見通しだったのでしょう。

入門直後あたりから、「歌舞音曲ができないと落語家らしくならない」と、新たな基準として唄と踊りが付加されました。

しかし、です。そんな「基準変更」という大ナタを談志が振るったにもかかわらず、当時の私は呑気でした。さらに一門の古い先輩方の「師匠は真打ち昇進の時に、志ん朝師匠に抜かれているから、絶対弟子を同じような目に遭わせることはしないよ」という言葉も頭にありました。

この先輩の言葉の意味をご説明します。談志には絶対負けられないライバルがいました。年齢で二歳下の古今亭志ん朝師匠です。志ん朝師匠は、父親が名人・古今亭志ん生師匠というサラブレッドで、談志より後に入門しておきながら、談志より先に真打ちに昇進した逸材でした。つまり、「師匠は自分が『弟弟子に先を越される』という嫌なことを体験しているから、弟子には絶対同じ目に遭わせはしないだろう」という、さほど根拠のない、弟弟子への優しすぎるアドバイスのようなものでした。

そんなある日、談志は私にこう言いました。

「このまんまで済むと思っているだろ。済まねえようにしてやるからな」

談志からしてみれば最後通告のようなセリフだったはずなのに、当の私ときたら、まだ危機感すら覚えていませんでした。

やがて、その恐怖と屈辱を思い知る日がやって来ました。

弟弟子の談笑が私より先に二つ目に昇進した、あの日なのです。

落語界において、真打ち昇進は「抜いた・抜かれた」は結構ありますが、二つ目昇進での「抜いた・抜かれた」は前代未聞でした。

それは極論すれば、着物のたたみ方を教えた弟弟子の着物を、今度はこっちが畳まなければならないということなのです（さすがにこれはなかったのですが）。

それはいまでも夢に出てくるような悔しさで、その悔しさも元はというと身から出た錆（さび）なのですから、どうしようもありません。談志の「基準変更」というセンシティブな案件に対して、無神経でいたツケです。逆に私より後に入門した談笑は、人一倍談志の歌舞音曲を重んじる姿勢に敏感だったのです。談志にしてみれば「日ごろの積み重ねが結果となっただけだ」ということだったのでしょう。

「もうこんな悔しい思いをするのは嫌だ！」と、やっと自分の尻にも火が点（つ）き、そのおかげで、最終的にはトータルで九年半という長い時間はかかりましたが、談志の首を縦に振らせることができました（本気にさせてもらった談笑くんには、いまでも感謝しかありません)。

あのころは、厳しい昇進基準は〝高い壁〟にしか見えませんでしたが、いま振り返ってみると、前座修業が著しく長い立川流という世間に知れ渡った情報が、甘い考えの落語家志望者を徹底的に拒否する防波堤になっていたと感じられます。

「談志の弟子」という希少性が確保されたということなのです。まさにこれは「鑑札システム」と言えるのではないでしょうか。

つまり、身も蓋もない言い方になりますが、ただ自分が鈍感だったことに起因する長い修業期間を、世間の皆様方は善意を持って変換し、「あの厳しい昇進基準を突破した人=真打ちに値する人」として私を見つめてくださっているのです。そんな大きな誤解のおかげで、私はこうして出版の世界をはじめ各分野でお仕事が成立しています。

あの談志の厳しさは、いまとなってはやはり「優しさ」だったのではと改めて手を合わせるのみなのであります。談志が「落語を五〇席覚えたら二つ目昇進」という基準を墨守していたら、当時の私のような勘違い落語家が増えていただけでしょう。そうなっていたら「談志の弟子」という希少性は消えていたことでしょう。

「鑑札システム」は社会主義的な制度ではありますが、そこに資本主義の根本概念である「競争」を取り込んだのが、立川流であるとも言えるのです。

竹次郎はなぜ大商人になれたのか――「ねずみ穴」

ローマの奴隷は鎖によって、賃金労働者は見えざる糸によってその所有者につながれる。賃金労働者の見かけ上の独立は、雇い主がたえず代わること、契約という法的なフィクションの中で維持されている。出来高賃金は一方では資本家と賃金労働者との間に寄生者が入ること、すなわち仕事の請負を容易にする。

的場昭弘『とっさのマルクス』

「ねずみ穴」は談志の十八番でした。「らくだ」が談志の凄み、ドスの効かせ方を体現するいわば「喜怒哀楽」を描いた噺だとすれば、「ねずみ穴」は兄弟の人情の機微もあり、グッと泣かせる談志落語の一つとして大衆の心をつかんだのです。

特に登場人物が地方出身者という設定によって、入門前の私もときめきました。

あらすじ

亡くなった父の遺した田地田畑を兄弟二人が相続して二等分します。兄はそれを売り払った金を元手に、江戸で商人として大成功を収めます。一方、弟の竹次郎は、親の遺産を兄貴のマネをして金に換えたまではいいのですが、酒、女、博打と遊び呆けて一文無しになり、兄を頼って江戸にやって来て「兄貴の店で働かせてくれ」と言います。

兄は「兄弟とはいえ、人に使われるのはつまらねえ。自分で商いをやってみろ。俺が商売の元になるカネを貸す」と言います。喜んだ弟が、外に出て中をあらためると、たったの三文（現在の貨幣価値でも一〇〇円ぐらいです）。弟は兄のケチな仕打ちに激怒しますが、これを機に奮起し命がけで働き始めます。

そして、一〇年――。弟はあれから命がけで頑張った結果、なんと立派な商人になっていました。そして堂々とした佇まいで借りた金（三文）を返しに兄の元を訪れます。弟はそこで兄とは決別するつもりでしたが、兄から一〇年前の三文の経緯を聞かされます。

兄曰く「あの時、いくらか大目にお前にカネを貸したら、そのカネで飲んじまったりするだろうと思ったから、俺はあえて元金として三文だけしか渡さなかった。つまりお前を試してみた。三文の元金を一文でも増やして来たら改めて相談に乗るつもりだったが、お前は来なかった。よく辛抱したな」。なんと兄は弟が必死に朝から晩まで働き続けていたことを陰でそっと見守っていたのでした。

弟は兄の優しさに号泣し、二人して打ち解けて酒を酌み交わします。

夜になり、「風が強いので火事が心配だから帰る」という弟に、兄は「もし火事で財産をなくしたら、俺の財産を全部やるから今晩は泊まっていけ。飲み明かそう」とまで言い、泊まらせます。深夜、弟の店の近くで火事が発生します。そして鼠が巣を作ることで開いてしまった蔵の「ねずみ穴」から火が入り、三つの蔵が焼け落ちて、弟は全財産を失ってしまいます。

その後、竹次郎は困窮を極めます。奉公人はみんな去り、妻が病に伏せってしまいます。「もし火事で家財をなくしたら、俺の財産を全部やるから飲み明かそう」と言った兄のあの夜の言葉を頼りに、幼い娘の手を引いて訪れ、大金を借りることを依頼しますが、兄は断ります。

「あの日の言葉なんて、酒の上での話だぞ」と。

激高して兄の家から帰る道すがら、娘が「私を吉原に売って。その金でやり直したら」と言います。逡巡の中、娘を売るという選択をし、大金を手にした弟でしたが、その帰り道にスリに遭い、全財産をなくしてしまいます。思いつめた弟が首をくくる決意をし、木の枝に縄を通し、首をかけます――。すると、そこで兄に起こされて目を覚まします。

すべて夢だったのでした。

「おらあ、あんまりねずみ穴のことを気にしてたもんだから、こんな夢を見ちまった」「ははあ、夢は土蔵の疲れ（〝五臓の疲れ〟の地口）だ」。

この噺は、私も持ちネタとしていますが、私の場合は、「上田出身の兄弟の物語」として、全編、長野県の上田弁で演じています。

「おい、はるかぶりだいや（久しぶり）。ええなあ、こんねんまく（こんなにも）稼いで」などとローカルなオリジナリティを出すようにしています。古典落語というのは、ストーリーは古典でも、演出は落語家個人にまかされています。こうした差別化こそが面白く、作品数自体は三〇〇弱と限りがあったにしても、落語家の人数分だけの演じ方があるとも言えるわけです。まあ、こんなあたりが落語界活況の理由なのでしょう。

一門の先輩から聞いた話ですが、談志は参議院全国区に出馬が決まると、この「ねずみ穴」という人情噺と、「勘定板」という下ネタ系爆笑落語とのセットで地方を回ったそうです。そして見事に当選を果たしました。その後、沖縄開発庁政務次官を、なんと三六日間（も）務めた……というのはよく弟子たちが使うマクラとなっています。

それはともかく、「ねずみ穴」は地方出身者の心をくすぐる落語であり、私もたとえば県人会の集いなどで、よくこの演目をかけたりしています。

地方から上京し、覚悟を持って都会で商売をして成功するというストーリーは、「アメリカンドリーム」ならぬ「ジャパニーズドリーム」なのでしょう。

夢がかなわず、尾羽打ち枯らした竹次郎は、兄に「兄貴の店で働かせてくれ」と涙ながらに訴えますと、兄貴は「そりゃつまらねえ」と諭します。「うちで働くと、おらに使われるだけだ。そこで一〇〇両稼いだらその中からお前がいくらもらえると思う。一〇両は無理だ。五両もきつい。ま、せいぜい三両だ。な、つまらねえだろ？　自分で商いをぶってみろ。一分しか儲からなくても、まるごと一分は自分のもんだ。一両なら一両、一〇両なら一〇両、一〇〇両なら一〇〇両、みんな自分のものになる。自分で商売をやったほうがいい」と伝えます。これこそまさに「資本家の本心、本音」ではないかと私は思うのです。

最初に泣きついた時、兄が商売の元手として三文しか渡さなかったところに、この落語のポイントがあり、「ふざけんな兄貴！」とあえて兄貴を憎むように仕向けさせて、そこで発揮される怒りの力で弟をなんとかしようとしたのです。ここに感涙の源泉があるのではないでしょうか。

「わが弟ならば、自分に向けた怒りを、自身の推進力に変換するはずだ」と兄は信じていました。だから「ちょくちょく弟の元をこっそり訪れていた」という述懐を私は挿入しています。

「おら、お前の店にちょくちょく、こっそりと顔を出していたがな。おらが行くたびにお前の顔がよくなっていく。福々しくなっていく。奉公人の数も増えていく。お前、ここまで誰の力も借りずによくやってきたなあ」と。

弟は「うそつけ！　後付けだ、そんなの。おらは兄貴を恨んでここまで来ただよ。見ろや、この借用書を」と、怒り出し、兄貴の書いた「金一封貸付申し候　兄」という借用書を叩きつけます。「兄貴憎し」と恨み抜いたせいで、もうそれはボロボロです。「おら、ダメになりそうな時、この糞兄貴！　とあんたを恨み抜いてここまでやって来たよ。これがおらの一〇年分の気持ちだわい！」。一方の兄貴はそれを優しい眼で見つめ、「じゃあ、おらもお前の書いた借用書を見せよう」と番頭に耳打ちし、神棚から桐の箱を出してきて、弟に開けさせます。そこには「金一封仮受け申し候　竹次郎」と弟が書いた借用書が入っていたのです。兄は、「お前が家を出て行ってから、おらはずっとお前の無事を、その分身であるお前の書いた借用書を、神棚に上げて祈っていたよ」。弟は、「おらは兄貴を恨んでボロボロになるまで借用書を握りしめてきたけど、兄貴はおらの幸せ祈って、自分の書いた借用書を大事にしてくれていたんだな」と、彼我（ひが）の差に気づき、泣き崩れます。

「商人としての器」も、この落語のテーマかもしれないとの思いから、私は「借用書」という小道具を使っています。

自分のオリジナル演出の紹介が長くなりましたが、「人に使われるのはやめておけ。自分で商売をやってみろ」というのは、この兄貴が生き馬の目を抜く江戸で学んだ商売の実学、飛躍させれば「資本主義の本質」だったのではと考えるのは買いかぶりかもしれません。とはいえ、おそらく兄自身も、最初は人に使われてばかりの日々で、「搾取」され続けた体験があればこそのアドバイスではなかったかと推察します。実際、弟も「朝起きて、納豆納豆納豆～、昼過ぎには、きんちゃーん甘いよ～とゆであずきを売る。夕方になりますと豆腐～ぃ生揚げ～がんもどき～、夜になりますと、ゆでだ～しうどん、真の夜中には泥棒のちょうちん持ちまで」と、朝から晩まで働き続けて所帯を持ち、娘も授かるのですが、思ったようには儲からないことに気づきます。

「なぜ、一所懸命働いても儲からないのか？　それは搾取されているからだ」と、兄の言葉を反芻する中でうっすらと気づいたのではないでしょうか。もちろん「搾取」などという言葉は当時はなかったはずですが、「もっと儲かるものは」と考え続けて、そこで「何か」をゲットしたはずです。ここも落語家独自のオリジナリティが活かされる箇所なのですが、私の場合は「信州出身」という利点を活かす形で「イナゴの佃煮の製造販売」で一山当てた……という展開にしています。

「イナゴ」は稲を食い荒らす害虫です。その駆除を買って出て、信州出身の若者をそこで働かせてギャランティを確保します。

つまり、駆除したイナゴを佃煮にすれば「原材料無料」で、そのうえで、若者を働かせることで、彼らの上前をハネる**「搾取」**も可能なのです。かような**「本源的蓄積」**が行なわれ、それを元手にすることで押しも押されもしない大商人へと進化を遂げることができたのではないでしょうか。

まさに『資本論』の解説のためにあるような落語。それが「ねずみ穴」だったのです。

それにしても、この落語を演じるたびに、「一見不親切な本当の親切とはいかなるものか」を噛みしめることになっています。談志に前座のころよく言われてきた「俺がお前にしてやれる最高の親切は、情けをかけないことだ」という言葉とともに、です。

前座の時代に受けた罵詈雑言のような言葉が、いまや金言となり、出版依頼が相次ぐ私ですからなおさらです。

あ、また師匠のお墓参りに行かなけりゃ。

第3章 価値（ねうち）

死せる労働──「船徳」

資本は、ただ生きた労働の吸収によってのみ、吸血鬼のように活気づき、またそれを多く吸収すればするほど、ますます活気づく、死んだ労働である。

マルクス『資本論』第一巻八章

マルクスは、小言を言う親父みたいな人です。風貌といい、残された文言といい、わかりやすくたとえれば、そんな感じではないでしょうか。我ながら見事なたとえだと自負しますが、私に限らず落語家はおしなべてみんな、たとえ上手です。

見事なたとえをする人だなあと実感したのは、春風亭昇太師匠でした。

私がいまだ前座の時代、場所は有楽町のニッポン放送銀河スタジオでした。「ＪＡＬ名人会」かなんかの収録だったと思いますが、談志の楽屋入りが遅れて前座一同楽屋でバタバタしていた時に、昇太師匠が「談志師匠って、寅さんみたいだよね」と切り出しました。「どういうわけですか?」と聞き返すと、「だってさ、ハタで見ていると楽しくて面白いけど、身内は大変だもの」。その場に居合わせた人たちが大爆笑となりました。確かにあの映画を観ていると、「寅さんに近い人たちのパニックぶり」が笑いの種となっています。

さすが昇太師匠だなあとしみじみ思い返しています。

マルクスの言うことが「親父の小言」だとすれば、地方のお土産屋で売られている湯吞みに『資本論』からの言葉がわかりやすく書かれていたらいいのにと思います。「人にはバカにされているくらいでちょうどよい」「腹八分目」などのお馴染みの言葉の並びに「すべては疑いうる」など回りくどい散文調が光りそうな感じがします。

ほんと、マルクスはどうしてこんなに勿体をつけた表現を好んだのでしょうか。ただ、『資本論』のような小難しい本を読み進めていると、時に著者の気概に触れたように感じて、思わず立ち止まって考え込むようなことがあります。

しかし、そこを自分なりに乗り越えると、その表現の幅の広さ、意味するところの深さに思い至り、強く共鳴できる部分が見出せる気がします。

『資本論』に限らず、**読書とは作家の言葉を許容すること**なのかもしれません。発信者の言い分を、まずは受け入れないことには前へ進めないのですから。

では、読書が完全に発信者サイドに立つ不公平なものかと言うと、そうではありません。受け入れて、受け入れて、ラストに面白かったか、ためになったか、もしくはそうではなかったかを判断する権利は読者に委ねられるのですから、作家も読者も対等であると思います。

つまり、大見得を切るような言い方をすれば、**難しい本を読破することで、大作家と**

同じフィールドに立てるのです。池上彰さんの『高校生からわかる「資本論」』を読んでいると、池上さんが伴走者となって読者である高校生をマルクスと同じ地平まで誘おうとしている優しさが伝わってくるような感じがします（お勧めです）。

そして、何より難解な書物に我慢強く接していると、副産物として読解力が身に付きます。さらに速読力も養えて一石二鳥なのです。それだけでも、いまの世の中で『資本論』に向き合う値打ちはあるものと確信しています。

そんな『資本論』の中に、**「死せる労働（死んだ労働）」**という詩的表現があります。これはわかりやすく言えば、「先人たちの労働による産物」を意味します。

ほんと、面倒くさい表現ですね。要するに**「いま現在、目の前にあるものは、先人たちの働きによるものだよ」**って言えばいいのに、なぜあの親父はこんな言い方をセレクトしたのでしょうか。

無論「死せる労働」には、過去の自分の労働も含まれています。「過去に書いた本」のおかげで、そこをステッピングボードとして、いま新たな本を書いているのですから、私の過去の労働は〝財産〞でもあります。

しかし、マルクスはここであえて言います。

「資本主義社会では、過去の労働が結実した資産（死せる労働）はすべて資本家のものになる」と。

資本は「どんどん自己増殖」していくものです。永久に前へ前へと進むものこそが「資本」なのですから当然です。そう考えると、過去の労働、すなわち「死せる労働」は、未来の資本の増殖のための礎となる存在なのです。

翻って、いまこの国は「死せる労働」の恩恵だらけと気づきます。過去の労働による蓄積に明らかに加護されています。落語に出てくる若旦那噺なんざ、「死せる労働」の賜物のようなもので、それを頼りに若旦那は毎日ぶらぶら遊んでいます。そしてそんな若旦那の父親である大旦那は、セガレが「ぶらぶらしている」、すなわち「資本の増殖に加担しようとせずに、『死せる労働』を消費している姿勢」に業を煮やします。

「船徳」はその最たる噺です。

あらすじ

親の資産（死せる労働）を浪費するだけの若旦那・徳三郎は、親元を勘当となり、馴染みの船宿の二階に厄介になっています。毎日が退屈なはずだから「働いたらどうです」と言う船宿の親方に向かって、「船頭になりたい」と無茶なことを言い出します。仕方なしに船頭をやらせてはみたものの、その腕を磨こうとするわけでもなく、相も変わらず毎日ぶらぶらしている日々……。

そんな中、浅草観音様の四万六千日の縁日。船頭がみな出払ってしまって他にいない忙しい時に、馴染みの客から若旦那を指名する声が掛かります。もとより船頭の基本作法など身に付いているわけのない若旦那ですが、お客二人を乗せて大桟橋まで漕いで行きます。その道中、船頭としての腕の未熟さから、お客をとんでもない危険な目に遭わせてしまうのです。川の中州に舟を乗り上げ、止まったまま動けなくなります。お客がぬれねずみになりながら、ほうほうの体で河岸に上がってきますと、若旦那は一言。「お客様。お上がりになったら、船頭一人雇ってください」。

動きがユーモラスなこともあり、誰もが共感できるパニック噺として、夏場に頻繁に演じられるネタですが、私はいつかこの若旦那を、「船頭」ではなく「政治家」として、「船徳」ならぬ改作落語「政徳」としてやってみたいなと密かに思っています。

資産家の後継ぎの若旦那が親元をクビになり、仕方なしに厄介になったのが、かつて父親が物心両面で面倒を見てやった国会議員の事務所だったという設定です。

その国会議員がテレビ番組に出たり、街を歩いていても握手を求められたりしているのを見た若旦那は「あたしも政治家になりたい」と言い出す有様。その政治家と秘書から必死に止められると、ついには逆ギレします。

「いいよ、どうしてもあたしを政治家にさせてくれないのなら、なにも政治家ってお前みたいな自民党議員だけじゃないんだから。あたしゃ、共産党に入ってそこから政治家を目指すから！」

「ちょっと待ってくださいよ！　そんなことをされたら、大旦那に私が怒られますよ。『せっかくお前を信じて息子を預けたのに、共産党に入るなんてどういうことだ！　もうお前の応援はしない！』ってことになりますよ。……。わかりましたよ、おなんなさい、おなんなさいですが、途中で辛くなったり、逃げたくなったら、すぐやめてくださいよ。政治家なんて生易しいものじゃないんですから」

あははは、バカバカしいですね。

「世襲政治家」に痛烈な皮肉を浴びせる新作落語になる予感がします。ご期待ください。

さて、なぜマルクスが先人たちの尊い過去の労働を「死せる労働」と呼んだのかに思いを馳せてみたいと思います。

マルクスを〝超訳〟してみて一貫して言えることとは、**「労働者の労働を、極力、労働者に戻してやるべきだ。もともとは労働者のものなのだから」**ということなのではないでしょうか。そして、そんな労働者が自分のものとして取り戻す労働を「生きた労働」と定義し、本来は労働者のものだったのに知らずしらずのうちに資本家の懐に入ってしまった労働を「死せる労働」と呼んだのではないかと想像します。

そう考えてみると、落語に出て来る若旦那は「働かない」ことで自らの地位を確保しようとしているという意味では、「非資本主義的」存在にも見えてきます。もっとも「非資本主義的」に生きていけているのは、親代々に仕えた労働者たちの「死せる労働」という蓄積あればこそなのであって、根本的に資本主義に寄生しているのですが……。

余談というか、少々脱線しますが、それならばマルクスは働かない人間を好意的に受け止めていたのかというと、決してそうではないようでした。マルクスは怠業を称賛した娘婿のポール・ラファルグを毛嫌いしていたようです。ルンペン・プロレタリアート（階級意識を持たない労働者階級。ルンプロ）を軽蔑していたとも言われます。このあたり、「天は人の上に人を造らず」というセリフを本に書いていた福沢諭吉が、娘の婿となる男には「身分が違い過ぎる」と言ったという逸話にも似ているような気もしますね。

談志は、かつて自身のご長男に「親が稼いでいるのに息子が働く必要はない」とまで言い切っていました。そのドキュメンタリー番組を私と一緒に観ていた次男坊は爆笑していましたが、彼のその笑いの中には羨望の気持ちも混じっていたのは明らかでした。「よかちょろ」という落語に出てくる若旦那は、**「生涯セガレで暮らしたい」**という『資本論』を読んだとしか思えない最高級の名言を吐いています。

来るべき資本主義社会を想像していたかどうかは別として、「働けば向こう側の思うツボ」ということを察知していたのでしょうか。

そういえば、我が家の次男坊も夏休みを使ってイギリスに短期語学留学に出かけていました。考えてみたら、大学生なんて完全に「若旦那」的存在なのではないでしょうか。いや、待てよ、我々落語家こそは、世間という「お旦」(スポンサー。旦那)を目当てに生きていますから、「社会全体の若旦那」みたいなものでもあります。そうなんです！私は、気がつけば人知れず、「生涯セガレで暮らしていた」のでありました。

使用価値と交換価値——「猫の皿」

それにしても、私はなんでこんな「『資本論』を落語で読み解く」風情の本を書こうとしているのでしょうか？

一言で言うならば、これは**過去の自分への復讐**でもあります。

「あのころ、まったくと言っていいほど勉強してこなかった」ことに対する悔恨と反省は、同時に過去の自分への糾弾にもなりますので、まさに行為としては「復讐」と同義です。「なんでお前はあのころ、全然勉強してこなかったんだ」という過去の自分に対する叱責なのです。

そして——。

それと同時に、「いや、そうは言っても、あのころはあのころで、生涯をかけて取り組むべき落語に出会い、夢中になり、談志を追っかけたり、寄席に入り浸ったりして、『資本論』をはじめとする世界の大古典や大学の講義を放棄せざるを得なかったのだから、それはある意味、仕方ないだろ」などと過去の自分にも言い分はあるはずです。

そういうアンビバレントな気持ちに折り合いをつけようとする了見が、今回の執筆の原動力になっているのです。

ズバリ言うならば（我ながらうまい！）。**「かつて（私が）放棄したモノたちが、いままさに蜂起している」**のです

いや、もっと言い訳がましく申し上げるならば、三〇年以上にわたってプロとして向き合った結果、手にすることができた「落語」という「文法」こそが、いま、類まれなる読解力が要求される『資本論』の解説に役立っている、ということも言えるかもしれないのです。

つまり『資本論』という書物は、本文そのものを一心に読んでいるだけでは太刀打ちできず、自分の経験値を高め、それをも全投入しないと（もっと言うと、全力投入しても）理解できない読み物なのではないでしょうか。

さて、大学のゼミでマルクス経済学を選んだ人は、間違いなく第一章第一節のこの部分で早々に脱落します。

それが、**「商品の要素は二つ。使用価値と交換価値（価値の実体と価値の大きさ）である」**の一文です。

この部分すらわからないのに、さらにマルクスは畳みかけるように、次のように続け

ます。

一つの物の有用性(注・省略)は、この物を使用価値にする。しかしながら、この有用性は空中に浮かんでいるものではない。それは、商品体の属性によって限定されていて、商品体なくしては存在するものではない。だから、商品体自体が、鉄、小麦、ダイヤモンド等々というように、一つの使用価値または財貨である。(中略)

交換価値は、まず第一に量的な関係として、すなわち、ある種類の使用価値が他の種類の使用価値と交換される比率として、すなわち、時と所とにしたがって、たえず変化する関係として、現われる。したがって、交換価値は、何か偶然的なるもの、純粋に相対的なるものであって、商品に内在的な、固有の交換価値(注・省略)というようなものは、一つの背理(注・省略)のように思われる。(中略)

いまもし商品体の使用価値を無視するとすれば、商品体に残る属性は、ただ一つ、労働生産物という属性だけである。

マルクス『資本論』第一巻一章

経験値、すなわち人生経験とは、目の前の書物をはじめ、身の回りに起きる不合理な出来事を含めた難解な事象に対して、それらを「自分の理解度という尺にリサイズできる能力」のことを指すのかもしれません。実際、自分は前座時代の面倒くさい出来事を、「こういうスタンスで受け止めれば皆さんの役に立ちますよ」とわかりやすく書き換えることでご評価をいただき、いくつかの出版依頼が来ているのではないかと思います。そういう意味では、いまはわからなくても、必ず人生経験という蓄積を経たのちにわかるようになる、典型的な書物が『資本論』なのかもしれません。

上記の『資本論』の引用の一部を解説すると、「使用価値」とは、人間の欲望を満たす有用性のことを指します。鉛筆には字を書くという「使用価値」があり、マグカップにはコーヒーを入れて飲めるという「使用価値」があります。もう一つの価値、すなわち、「交換価値」とは商品を交換できる値打ちのことを指します。

交換価値のほうが使用価値に比べて変動しやすいのは当たり前ですよね。このコロナ禍の入り口のころの「マスク」がいい例です。工場での生産が需要に追いつかず、在庫が少なくなった時には異様に値上がりしたものです。そして「転売ヤー」なる輩が、「儲け」のために動きまくっていたのは皆さんも覚えているはずです。感染予防という「使用価値」は変わらないのに、「交換価値」は著しく変動したものでした。

資本主義社会とは「使用価値」より「交換価値」を重視して、勝手気ままに動いているシステムなのです。そして、「そんな中に、目には見えない共通のものがあるはず！」と睨んだ結果、マルクスの目に映ったのが「労働」という概念だったというのが、「労働価値説」の大元なのです。つまり、適正な価格は商品を生産するために費やされた労働時間に比例するという考え方です。

「さいたま市の水道水」には「使用価値」はありますが、「交換価値」はありません（蛇口をひねればすぐ手に入ります）。「南アルプスの天然水」はサントリーの登録商標になっているだけにブランド料もあり、現地に行って「労働」が投資されていますから、蛇口をひねれば出てくる水道局の水と比べて「交換価値」が大きくなります。

注釈・的場スコープ「使用価値」

使用価値とは、それを使う者が考える質であり、そこでは量は問題になっていません。交換価値はあくまで量を問題にします。「南アルプスの水」も、「埼玉の水」も飲むものだとすれば、使用価値は同じです。ブランドというのは、社会的必要労働以外の問題です。マルクスはワインの例を出して問題にするのですが、これは独占価格という問題で、ここには社会的必要労働が反映されていません。ワインの場合、土地や製法などに伴う独占価格が付いているのです。

いま、ここまで書いて来て、またふと思いました。人生経験とは「たとえ話がうまくなる訓練」なのかもしれません。その連想から、「猫の皿」という落語を思い出しました。

あらすじ

骨董品の仲買人を営むある男は、地方に出かけて骨董品を見つけてはその持ち主に甘い言葉を掛けて、安値で入手し、高値で江戸の金持ちに売りつけるのがその商い（まさに「交換価値至上主義」ですね）。

この男が、街道沿いの茶店で、茶を飲みながら店主と世間話をしていたところ、飼い猫用のエサ置き皿を見て、息を飲みました。それは「絵高麗（えごうらい）の梅鉢」というたいへん高価なものだったからです。男は、「ははあ、店主はこの皿の値打ちがわからないか。だから無造作に猫の皿として使っているのだろう」と判断し、例によってこれを安く入手しようと企てます。

そこで愛猫家を装って猫を抱きながら、「この猫がとても気に入った。ぜひ三両で譲ってほしい」と持ち掛けます。店主が承諾すると男は、「猫は皿が変わるとエサを食べなくなると聞くので、この使い慣れた皿も一緒にもらっていくよ」と、何気なく梅鉢を持ち去ろうしますと、店主があわてて制します。

「猫は三両で売りますが、この皿は安く見積もっても三〇〇両という名器ですから、売るわけにまいりません」と店主。

「何だ、知っていたのか。これが名品とわかっていながら、なんでこんな皿でエサをやっているのだ」と男が尋ねると、店主曰く、

「はい、こうしておりますと、ときどき猫が三両で売れます」

「交換価値」すなわちカネや儲けをあまりにも重視する結果、目がくらんでしくじった好例をまさに描いていますなあ。

「資本主義社会は儲けを重視しすぎて、大事なものが見えなくなってくるよ」というのも、マルクスが言いたかったことかもしれません。

そして皿には、いや更には、この「猫の皿」は、最前の「開帳の雪隠」同様、「お前が思いつくレベルのことは、すでに多くの者が思いついているんだぞ」という戒めに聞こえてきませんでしょうか。この骨董仲買人が失敗したのは、「こんな田舎に住んでいる人間には、モノの値打ちがわからないものだ」という地方の人々を見下すような潜在意識があったからとも言えます。

つまり、店主にしてみれば、「高価な器を猫のエサ置きに使っている」というのは、「モノの値打ちがわからない人間」だと思わせる引っかけだったのです。その術中にこの仲買人は見事にはまってしまったというわけです。

談志は、落語があまり浸透していないような地方での公演でも、決して手を抜くこと

はありませんでした。軽くて、わかりやすいベタなネタで逃げるというような姿勢は、まったくなかったのです。むしろ「売れていないヤツが東京の寄席に出ている」などと言っていました。

私の故郷での前座デビューとなった談志独演会でも、トリで「文七元結」という大ネタを掛けたのを思い出しました。「文七元結」は長編ですので、ある程度落語を聞きなれていないと理解するのが難しい演目です。

しかし談志は、「今日はこいつ（談慶）のデビュー戦だ。いつの日か、こいつとこいつを取り巻く地元の支援者たちが、それぞれに人生経験を積めば、今日の俺の落語の意味も、わかってくれるだろう」と信じていたのかもしれません。何事も、人生経験なのでしょう。

「千両みかん」で学ぶ限界効用逓減の法則

ここで「労働価値説」のおさらいをしておきましょう。

労働価値説とは、「労働が価値の根本であり、分業や効率化などによって労働生産性を高めることで、富を増やしてゆく」という考え方のことで、商品の価値は「その中に含まれる労働量」で決まるという主張です。

ところで、「生産性」って、なんだかとてもドライな響きのある言葉ですね。

自由民主党の杉田水脈（すぎたみお）さんが「LGBTの人たちには生産性がない」と言ったのは記憶に新しいですよね。とある雑誌に寄稿した文章の中で、すべての価値を経済方面で主に使われる「生産性」で判断しているお方だということが図らずも露見した格好になりました。いやあ、このお方には生産性というよりも、私は「凄惨性」を感じてしまいます。

さて、この「労働価値説」という古典派経済学の主張に対して、近代経済学が唱える「ミクロ経済」の根底にある考え方は正反対です。

それが、「効用価値説」です。

これはすなわち「財の価値は、それぞれの『主観』に基づいて判断する効用によって決まる」という考え方です。要するに経済の源は、個々人の抱く「効用」がすべてだという意味で、マルクスの『資本論』とは正反対であります。

効用とは、わかりやすく言えば「満足度」のことです。真夏の暑い日に飲むビールは格別です。喉が渇いている時の一杯目のビールは、とても美味しく感じ、効用は最大です。でも、飲み放題で飲み続けていると、一杯当たりの満足度は二杯目、三杯目とどんどん下がっていきます。これを「限界効用逓減（ていげん）の法則」と呼びます。

限界効用が逓減していくということは、同等のビールというサービスであっても、それを受ける人間にとっての価値（満足度）が下がっていくことを意味します。中ジョッキ一杯のビールを提供する労働量は同じでも、効用が下がれば価値も下がる。ミクロ経済学は、この点から労働価値説を否定します。

労働価値説では、物やサービスを提供する側の労働が価値を決めていると考えます。労働価値説とは、すなわち供給側（労働者）の価値なのです。しかし、新古典派経済学は、価値を決めるのは需要側（消費者）の効用であると主張しているのです。

注釈・的場スコープ「労働」

すでにスミスが、生産物の価値はそれに投下された労働であることを述べていましたし、リカードは投下労働価値説で一貫して、商品の価値を説明していました。マルクスの場合、ここでその商品に投下された価値を、「社会的必要労働」という考えで説明していることに特徴があります。社会的必要労働とは、社会全体で認められた生産性によって測られるある商品の生産にかかる平均的労働です。この労働が労働時間として投下されているのであり、個々の労働が投下されているのではないということです。

要するに、供給側か需要側か、どちらに立つかによって、見方が変わってくるのです。

労働価値説に基づき供給側、すなわち労働者の立場なのか。

効用価値説に基づき需要側、すなわち消費者の立場なのか。

このあたり、マルクスならば「労働者万歳」と言うところで、かの三波春夫先生ならば「お客様（消費者）は神様です」と言うのでしょうか。

まあ最近は、客である立場を利用してお店の従業員に土下座させたりするなど、「カスタマーズ・ハラスメント」も問題になってきていますなあ。

さて、さて、こんな双方の価値観がぶつかるのを、優しく見つめている噺が「千両みかん」です。

あらすじ

季節は真夏。とある大店の若旦那が病に倒れます。父である大旦那は名医と評判の何人もの医者に倅を診せるのですが、どの医者も「身体はいたって健康だから、これは気の病だ。大元の悩みが解決すればきっとよくなる。さあ、なにが悩みなのか話してごらん」と若旦那に問い掛けます。しかし、父の心配をよそに若旦那はなにも答えず、ますます衰弱していくのでした。

そこで、大旦那からの信頼も篤く、もうそろそろ暖簾分けを許されようかという番頭の佐兵衛が呼ばれ、その心の悩みを聞き出すように申し付けられます。佐兵衛は若旦那とも懇意にしているのです。

最初、なかなか悩みを打ち明けようとしない若旦那でしたが、ついに佐兵衛に「自分の悩みはみかん。みかんが食べたくて仕方ない」と恥ずかしそうに答えます。てっきり恋患いの悩みとばかり思っていた佐兵衛は呆れて、「そんなものなら、すぐ買ってきてあげますから、安心しなされ」と安請け合いしてしまいます。

そういう話の次第を、佐兵衛は大旦那に伝えますが、「真夏のこの時期、いったいどこにみかんがあるのか！」と一喝されてしまいます。佐兵衛は自分の安請け合いを後悔するのですが、いまさら「みかんは手に入らない」などと言えば、若旦那はがっかりして死んでしまうかもしれません。もしそうなったら、「お前は主殺しと同罪で磔（はりつけ）になるからな」と大旦那は脅すように言うのでした。

致し方なく佐兵衛は、真夏の炎天下、当てもなく街中を「ミカンはないか？」と尋ね歩くのですが、そんな中、「みかんなら、青果物を扱う問屋を訪ねてみればよい」と教えてくれる者がありました。

佐兵衛は、冬場には大量のみかんを扱っていることで知られている大きな問屋を訪ねて目的を告げると、そこの番頭は「ある」と言います。

そこはみかん専門問屋としての自負（プライド）、真夏にみかんを求めるごく少数の客のために、毎年、無駄を承知で冬に仕入れたみかんを大量保管していたのです。

佐兵衛は番頭と蔵の中へと入りますが、ほとんどのみかんが腐っています。しかし、奇跡的に一つ（一個）だけ、きれいなミカンを見つけます。

佐兵衛は喜んで、代金を尋ねると、なんと一〇〇〇両。

「夏にみかんを求める数少ないお客のために、毎年、一蔵分のみかんを無駄にしております。だから、それだけの価値があるのです」と番頭は自信を持って言います。

いったん店に戻った佐兵衛が、それを大旦那に伝えたところ、「安いものだ。息子の命には代えられない」と即座に一〇〇〇両で買うと応えます。

こうして手に入れたみかんを、若旦那は美味しそうに食べ、みるみる元気になります。他方で、その様子を見ていた佐兵衛は、「みかん一つには一〇房あるから、一房一〇〇両か」などと計算し、何やら複雑な気持ちになって、おどおどとするばかり。

若旦那は、七房食べたところで三房を佐兵衛に差し出し、「苦労を掛けた両親と番頭さんのための三房だから、どうぞ食べておくれ」と言います。

大旦那夫婦に二房のみかんを渡そうと廊下に出たところで、佐兵衛はふと立ち止まって考えます。

「いま自分の手元には一房一〇〇両、合計三〇〇両のみかんがある。自分はやがて暖簾分けしてもらえるが、五〇両ももらえやしない。俺の働きは、しょせん、このみかん一房以下なのか……」

呆然とした佐兵衛は、みかん三房を持って逐電するのでした。

いかがでしょうか？

この番頭の佐兵衛さんが「資本家階級の金銭感覚」に戸惑う姿が可哀想で、思わず感情移入してしまう落語であります。

この**「千両みかん」という落語は「ミクロ経済学」と「マルクス経済学」の融合**ではないかと思うのです（的場先生、いかがでしょうか？）。資本家側の大旦那一家は、みかん一つ＝一〇〇〇両を躊躇することなく受諾しました。こういう大金持ちがいるからこそ、大きなみかん問屋の商売も成り立つのです。「一〇〇〇両を支払ってでも買いたい」という需要側の論理があると踏んだからこそ、問屋はプライスリーダーシップを発揮し、一〇〇〇両の値を付けたのです。

一方、番頭さんは中間管理職とはいえ、あくまでも労働者目線です。これまでその労働を「搾取」され続けて、それに耐え忍びながら、いよいよ自分の店を持てるというところまでたどり着きました。おそらく小僧のころから、「一銭も漏れがあってはならない」と日々きっちり帳簿を付けてきたはずです。そんな地道なやり取りを積み重ねるようにして、いまの地位を築いたのでしょう。

大旦那が言う「倅が死んだらお前のせいだ」という恐怖感で、もうすでに佐兵衛さんには冷静な判断力は欠けていたはずですが、そこへ持ってきて「みかん一つに一〇〇〇両」ものお金を払うという主人の言動は、いくら息子の命を救うためとはいえ（いや、そこには「みかん一つごときで命に関わるものか？」という常識的な判断も含まれているはずです）、想像を絶する事態だったはずです。そんな状況に追い込まれたら、みかん三房が三〇〇両に見えるのも当然なのかもしれません。

超絶真面目な人が、おかしいとしか思えない金銭感覚に接して思考ストップしてしまう。この落語は、人間としての普遍的な弱さと、労働者は必然的に追い込まれるものであることを訴えている点で、『資本論』の世界と通底しています。また、市場システムがある程度まで発達した経済では、みかん一つが一〇〇〇両になることもあると主張している点では、近代経済学（ミクロ経済学）的でもあります。いやあ、実に落語は奥深いものです。

いずれにしても、カネは人をかくも惑わすものなのでしょう。

以前、心臓移植の必要な男の子のサポートに携わったことがありました。海外で移植することになり、億単位のお金が必要と判明しました。家族ぐるみでこの子を支援しているご一家と仲良くなったのがキッカケで、私も応援することになりました。地道にチャリティ落語会などを企画し、結果として目標額に達して渡米が叶い、一安心しました。そして、無事ドナーも決まり、手術も成功して、いいことずくめになりました（いまも元気で生活しているとのことです）。

しかし、いま振り返って、しみじみ思うのが、「私が本当にお金に困っていたとしたら、ボランティア落語会で得たお金もこっそり着服していたのかもな」ということです。私の正義感が強かったから着服しなかったのではなく、たまたまそんなお金に手を付けたくなるほどの状態ではなかったからという、ただそれだけの理由です。

そう考えると、横領事件などの加害者は、「もしかしたら、自分の身代わりだったのではなかろうか」と、ふと思ったりしたものでした。もちろん、犯罪は被害者からすれば唾棄すべきものではありますが、「自分も紙一重のところにいる」という意識は、どうにもぬぐえないのです。

この佐兵衛さん、この後、一体どうなったのでしょう。旦那に呼び戻されて元のサヤに収まってもらいたいなと円満な後日談を切に祈ります。

中間管理職たる番頭さんの「みかん」だけに、「果汁」ならぬ「過重」労働は大変なのであります。

掛け値しないと家族が養えない——剰余価値と「かぼちゃ屋」

ここまでなんとか『落語で資本論』を書き続けてきて、剰余価値を見抜いたことが、マルクスの凄さではないかと思っています。これがマルクスの経済学の基本概念そのものでしょう。

簡単に振り返ってみましょう。一言で言うならば、資本主義の原理とは、買ったモノを売って利潤を得ることだけです。そしてこの利潤は投資した資金の価値が交換によって大きくなって返ってくることで生まれます。このことを「剰余価値」と呼びます。ただこれだけなのです。

「商品」をただ交換するだけでは剰余価値は生まれません。それでは、同じ価値を持つモノ同士の交換に過ぎません。剰余価値を得るためには、資本の持ち主がいま手にしている資本を「一つの特殊な性質を持った商品」と交換しなくてはなりません。その特殊な商品が「人間の労働力」なのだというのです。

さらに、わかりやすく言います。

労働者は一日に三万円の価値を生産するとします。労働者へは賃金として労働力の再生産に過ぎない一万円が労賃(給料)として支払われて、資本家は二万円をゲットします。労賃一万円を超えて労働者が生み出した二万円が、剰余価値と呼ばれるのです。これが、いわゆる労働者が「搾取」される分であり、資本家の側から見れば儲けの源泉となるのです。

さあ、資本家はここからさらに剰余価値を最大化しようとするのですが、その方法は二つのみです。

「長時間残業させる」か**「労働のそもそもの値打ちを下げさせる」**か、です。

「長時間残業」のほうは、一日は二四時間しかありませんので限界がありますが、「労働の値打ちを下げさせる」のは、生産力（性）の向上によって可能となります。「生産力の向上」を図るためには、生活コストが究極まで抑制された「安上がり」な社会を目指して動きます。わかりやすく言えば、「100均（一〇〇円ショップ）」で食品のすべてが揃う社会の出現によって、それまで一日の食費が一〇〇〇円以上かかっていたのが、数百円で済むようになればよいのです。資本家はそんな社会をさらに目指そうとして、さらに競争して価格を下げようとします。

この場合の「長時間労働」のほうを「絶対的剰余価値生産」、そして後者の「労働のそもそもの値打ちを下げさせる」ほうを「相対的剰余価値生産」と呼びます。

大雑把に言うと、前者は正社員に正社員だからといって無茶ぶりすること（サービス残業を課することも含む）で生まれ、後者は非正規労働者に低賃金労働を強いることから発生するようなイメージでしょうか。

資本家が、正社員に向かって**「お前の代わりはいないんだから、少しぐらいは長時間働けよな」**、非正規労働者に向かって**「嫌ならやめたら？　あなたの代わりはいくらでもいるよ」**と言っているような感じでしょうか。

以前勤めていたワコール時代、定時で帰ろうとしたら「お前、そんなに早く帰っていいのか？」」と隣の課の人に言われたことをいま思い出しました。

ああ、なんて不勉強だったのでしょう。いまなら『資本論』をもとに、ここまで書いてきたことを説明して、「自ら進んで資本家の手先、資本主義の奴隷になってどうするんですか」と返せたのに、です。

長時間働いたとしても、「資本家の懐に入るもの」、それが「価値」なのですから。

さて、そんな「価値」に対して疑問を投げかける落語が「かぼちゃ屋」です。

主人公は、二〇歳になっても仕事をせず、ぶらぶらと遊んでいる落語界のスーパースター与太郎です。与太郎は実は名言大王です。

あらすじ

与太郎の叔父さんが言います。「お前のお袋がな、『何か商売を覚えさせてくれ』と言ってきたが、何かやるか？」

「いいよ」と与太郎。

「いいわけがあるか。だいたい、遊んでちゃ飯が食われないぞ。なんで飯を食うか知ってるか？」

「箸（はし）と茶碗」

「そうじゃないよ……」

「あ、ライスカレーはシャジで食う」

与太郎は、見事に労働を拒否します。

それでも叔父さんはめげずに、かぼちゃを売らせようとします。

「大きいほうが元値は一三銭、小さいほうは一二銭だ。勘定しやすいように、大小一〇個ずつ入っている。いま言った値は元値だから、（掛け値をして）よく上を見るんだぞ！」

与太郎は売り歩きを始めます。狭い路地に入って難儀しているところ、長屋住ま
いの男に気に入られ、なんとか買ってもらうことに成功します。

ぼんやりしている商売っ気のなさがよかったのかもしれません。

「いくらだ？」

「大きいのが一三銭、小さいのが一二銭」

「安いな」

と、なんと元値で売ってしまうのです。安さにも魅かれた男は、長屋の仲間に売り
さばいてくれました。しかし、与太郎は「上を見て」の意味がわからず（つまり「掛
け値」という概念が理解できず）、元値を告げて文字通り空を見上げています（上を
見ているんですな）。

与太郎は完売に気を良くして帰宅します。叔父さんも一瞬喜ぶのですが、元値だ

けの売り溜めしかなく、利益分がありません。尋ねてみると、「上を見ろ」という意味を「掛け値」とわからず、ただ呑気に「空を見ていただけ」、つまり元値で売ってしまっていたと気づき、叔父さんは名言を吐きます。

「元値でもって売って来るくれえならば、家で昼寝していたほうがよほどましだ！掛け値しないと女房っ子が養えねえ！」

怒り心頭の叔父さんは、かぼちゃを与太郎に担がせて、今度は利益を上乗せ、つまりは「掛け値」をしろと言い、再び商いに行かせることにします。

再度かぼちゃ販売に出かけた与太郎は、また同じ長屋に向かって行きます。そして同じ男に「かぼちゃを買ってくれ！」と声を掛けます。

「仕方ねえ。さっきの小さいほう、一二銭を二つ」

「今度は一三銭だよ」

「急に一銭値上がりしたのか……」。

困惑する男に顚末を話すと、男も呆れかえります。

「お前、いくつだ？」

「えーと、六〇！」

「六〇!? どう見たって二〇歳ぐらいだぞ？」

「元は二〇で、四〇は掛け値」

「年齢に掛け値するヤツがあるか」
「だって、掛け値しないと、女房っ子が養えない」

ばかばかしい落語ですが、私は叔父さんが「上を見ろ」と言うところでもう少し補助線を引き、「上を見ろ? どういうことだよ、叔父さん」「上を見ろってことはな、『値を上げる』ってことだ」と言い換えて、与太郎は「値を上げる」→「音を上げる＝弱音を吐く」と解釈し、その後、長屋で空を見ながら「俺はもう駄目だ。助けてくれ。おしまいだ」とつぶやかせます。その結果、「おいおい、なにがあったか知らねえが、元気出せよ」とお客さんに励まされ、同情からかぼちゃを買ってもらうという流れです。こうしたほうが、長屋の衆がダメな与太郎をより応援しやすくなるような感じがしませんでしょうか?

さて、この「かぼちゃ屋」で与太郎がやってしまった失敗は、『資本論』的に言うのならば、**「価値の否定」**でしょうか。「掛け値」の中には、「与太郎の労賃」＋「いくばくかの叔父さんの利益」も入っていたはずなのに、「元値」すなわち「仕入れ値」で売ってしまったのですから、叔父さんが怒るように「家で昼寝していたほうがまし」＝「働き損」になってしまったというオチなのです。

さて、叔父さんに怒鳴られ、再びかぼちゃの荷を担がされて、また同じ長屋に向かう与太郎でしたが、ここで、談志曰く「経済の本質」を見越した名言をつぶやきます。

「ああ、そうか、一二銭のものを一三銭で売るから一銭儲けて、一三銭のものを一四銭で売るから一銭儲かるのか。なるほど、**『売るヤツが利口で、買うヤツはバカ、間の悪いヤツが間に入って売らなきゃいけねえ』**んだな」

「売るヤツが利口で、買うヤツがバカ」は、確かに経済の本質です。「売る側」は必死であの手この手を考えるものです。スーパーマーケットの「エコバッグ持参の場合のボーナスポイント付加」だったり、日高屋ならば「次回ご来店時は味付玉子半額券」だったり、ジャパネットたかたならば「古い炊飯器の下取り」だったりと、涙ぐましい努力をしています。が、一方の「買う側」は、「売る側」の甘い言葉にそそのかされて、そっかしくお金をついつい払ってしまうものです。呑気な与太郎さんが、汗をかきながら、冷静に「経済の本質」を語っていたのですね。そして、一番すごいのは、談志はそれを見逃さなかった点です。やはり、天才でありました。

さて、ここで私、さらに「売るヤツが利口で、買うヤツがバカ」を『資本論』的に「超訳」してみます。

これを**「労働力のやり取り」**として置き換えてみるべきではないでしょうか。つまり、労働力を「売るヤツ（労働者）」が利口で、労働力を「買うヤツ（資本家）」がバカへと飛躍させるのです。すると、**「労働力という貴重なものを売る労働者は、それを買う資**

本家よりも賢くならなければいけないのだ！」というマルクスの絶叫に聞こえてきませんでしょうか？

「労働者が資本家よりも賢くなることでしか、資本主義の矛盾を克服する可能性は浮かび上がってこないんだぞ。なあ、談志」

「おう、マルちゃん、うめえこと言うなあ。その通り。落語を聞いてただ笑っているだけではダメだ。落語家だって、教わった通りに演じて、受けたと喜んでいるだけではダメなんだ。その先の可能性を追求し続けろ。いいか、わかったな」と、談志とマルクスが仲良く肩を組んで、私にハッパをかけているような気がしてならないのです。

全世界の労働者の皆さん、『資本論』を読んで勉強しましょう！　そして、落語を聞きましょう。

注釈・的場スコープ「労働力のやり取り」

労働者と資本家との賃金（労働力）のやり取りは、落語世界のかぼちゃ売りや野球選手のように、交渉すなわち掛け値で決まるものではありません。賃金はすでに与えられた額になっていて、交渉しても無駄。資本主義社会では、商品も掛け値で売買されることはなく、正札商売になっています。だからこそ、一定の利益を安定的に確保できるわけです。これは資本家と労働者の関係が前者に有利にできているからです。完全雇用ではなく、常に不完全雇用である場合、労働者は賃金を交渉することは簡単ではありません。

働けば働くほど人間疎外――「妾馬」

マルクスの概念を象徴する言葉の中で、知っておくと救われるような感じのするものが数々あります。二〇〇年以上前にこの世に生まれた人が紡ぎ出した言葉の中から、いまの世の中に適応する言葉を探る作業は、それこそ三〇〇年以上もの伝統を有する古典落語を現代に伝えていく行為とほとんど同じものであります。つまり、談志の遺志を受け継ぎ、その理論に基づいて古典落語を継承しようとする私こそ、『資本論』を現代に翻訳するのに相応しい者ではないかと思うのです（すみません、偉そうに）。

そんなマルクス用語の中で、現代にも、いや現代にこそフィットすると感じるのが「疎外」です。この言葉を知ることで、資本主義をはじめとする個人の生を束縛する制度に対する「違和感」を上手く言えるようになるのではないかと思います。それはまさに**言葉が「武器」になる瞬間**でもあります。

では、「疎外」について考えてみましょう。

マルクスの主張では、人間が自然に働きかけることで「いろんなもの」が生まれてきたと言います（これが「物質代謝」です）。

そうして生まれたものの中で最大級のシステムこそが、「資本主義市場経済」です。

つまりもっとざっくり言うと、かつては公的だったいろんなものが、「私的所有化」されてゆく中で、いわゆる「原始的な共同体」が破壊されていきます。さらには人間自体が、それぞれ対立する資本家・地主・労働者へと分化していきます。そして機械制大工業がいっそうの拡大をしていくと、本来は労働者が生み出したはずの生産物が、資本家のものへと移行し、さらには、その機械を操縦する人間の主体性が奪われていくようになります。つまり、賃金労働者は働けば働くほど、自分自身を疎外（支配）するもの（資本）を再生産していくというジレンマに置かれる形になり、資本はますます労働者、人間にとって外的・敵対的なものとなってしまうのです。これが「**人間疎外**」です。

注釈・的場スコープ「人間疎外」

マルクスが最初に経済学を学んだのは一八四四年で、そのとき経済学を勉強しながら取ったノートが『パリ草稿』または『経済学・哲学草稿』と言われているものです。その第一草稿の最後に「疎外された労働」という項目があります。そこで労働者が生産物、生産手段、生産過程、人間としての類から疎外されていく過程について語られています。生産物を作った労働者が、その生産物を自分のものにできないというのは確かに疎外ですが、交換がなければ自らの労働の意味も実現しないという矛盾を孕んでいます。結局のところ、生産物よりも、その利益を自分のものにできないことが問題なのですが、私有財産を前提とした社会では、それを得ることは難しいわけです。

「的場スコープ」も含めて、いかがでしょうか。いくぶん駆け足気味にお話ししましたが、これが「疎外」の大まかな意味です。

「働けど働けど猶わが生活楽にならざり」と石川啄木が歌集『一握の砂』で詠んだ歌そのものですよね。

ついでに言うと、石川啄木という人は、清貧なイメージがありますが、実はとんでもない人で、浮気相手との情事の詳細を綴った日記を、本妻に読まれないようローマ字で書いていたそうです。そんな放蕩の中で落ちぶれて、こんな歌を詠んでいたとは、ある意味自業自得ですね。

話を元に戻しますが、マルクスはこの「疎外」の概念を『経済学・哲学草稿』（一八四四年）で説いています。そしてこの思考が中心となって、『経済学批判要綱』や『資本論』へと発展していきました。

つまり**「疎外」**こそ『資本論』の中心と言ってもいい概念でしょう。いわばマルクスが発見した、つまりは資本家側にしてみれば発見されたくはなかった「原理」みたいなものでしょうか。

さらに、ここまで述べてきた「疎外」という考え方を、わかりやすく一言で言うならば**「自分が生み出したものが、自分の手には届かないようなところへ行ってしまう。そしてさらにはそれが自身をも支配するような存在になっていく」**ということでしょうか。

注釈・的場スコープ「マルクスの疎外概念」

資本主義社会の最大の矛盾は、人間の労働力を商品にしていることです。人間それ自身の売買はしないにしても、労働力を売り買いすることで、その一部をかすめ取る。そうすると生産と消費が一致しなくなる。それは経済の不安定を引き起こす原因になります。それ以上に、人間相互の関係が商品関係となり、個々人の人間としての質を問うのではなく、その労働の成果、賃金といった量を評価することになる。それを乗り越える社会の実現こそ、マルクスが目指したものですので、疎外が大きなテーマであることは間違いありません。

「自分が生み、丹精込めて育てたものが、遠くへ行ってしまい、ついにはそれに支配されるようになってしまう」

この言葉を何度もつぶやき、思考を今度は落語のフィールドへと飛ばすと、「妾馬」という落語にぶつかりました。

あらすじ

行列の駕籠（かご）で、長屋の前を通りかかった大名・赤井御門守（あかいごもんのかみ）が、味噌漉（こ）しを手にした娘・お鶴を見初めます。御門守に世継ぎ（男児）が居ないこともあり、お鶴を屋敷奉公（つまり側室）にと、家来の田中三太夫が長屋の大家に話を伝えに来ます。

大家がお鶴の母にこの一件を話して聞かせると、母も大家も長屋衆も、「大出世だ」「玉の輿だ」と大喜び。また、兄の八五郎の屋敷奉公が決まれば、一〇〇両の支度金をもらえると聞き、大喜びします。その後、お鶴は世継ぎ男子を出産し、「お鶴さん」という呼び方から一気に格が上がり、「お鶴の方様」「お部屋様」と呼ばれるまでになります。

ある日、御門守がお鶴の願い（「兄もお引き立てよろしくお願いします」）を聞き、兄・八五郎が屋敷に呼ばれます。支度金をすべて遊びの金に使ってしまった八五郎、大家から紋付き袴を借りて、急場しのぎのインチキな丁寧語を仕込まれてお城に参上します。

屋敷に着いた八五郎は、田中三太夫に付き添われて、お殿様の前に進みます。傍若無人な振舞いに、イライラする三太夫に反して、御門守は「面白いヤツ」と八五郎を気に入ってしまいます（ここの御門守と三太夫との八五郎に対する思いの違いが笑いの根本となります）。

酔った八五郎は、お鶴がその場に居るのに気づきます。妹に気軽に声をかける八五郎に、「無礼者！」とたしなめる三太夫。「何が無礼者だよ、あれは俺の妹じゃねえか」と返す八五郎。

八五郎は、ここで泣かせるセリフを吐きます。

「今日、俺がここに行くって言ったら、おふくろがな、初孫だ、初孫だと喜んでいたんだけれども、急にメソメソ泣きやがるんだよ。『おい、おふくろ、なんで泣くんだよ。これからめでたい席に俺が行くっていうのに』『そうじゃないよ。なあ、八よ。お鶴が職人のところに嫁に行ったならば、おらあ、すぐ飛んで行って子守りの真似事でもやってやるんだけれども、相手がお大名じゃそういうわけにはいかない。身分が違うってなあ、情けないもんだなあ』とさ。おふくろが可哀想になってきちまってな」と感極まり涙をこぼします。

ここが「妾馬」の一番のクライマックスです。

私は、このシーンこそがまさに「疎外」ではないかと思うのです。お鶴という、まさに己の腹を痛めて生み、慈しんで育てた娘が、自分の手を離れて、まったくよそよそしい存在になってしまう。初孫とはいいつつも、やがては自分たちを支配するお殿様になってしまうのですから（ま、こんな意地悪な解釈をしてしまうと落語の面白みも損ねかねませんが、『資本論』に寄せてアプローチしている手前、暴挙をお許しください）。

その後、八五郎は御門守に「お鶴を末永くかわいがってやっておくんなさい」と頼み、都々逸を唄って「殿公！」などと悪態をつくのですが、その性根の裏表のなさを御門守に気に入られて、出世をするという日本人の大好きな定番人情噺となっていきます。

「愚かな兄に賢い妹」という設定は、本書にも登場した『男はつらいよ』と同じです。

まとめますと、「愛する者との別れ」＝「疎外」は必然で、愛が募れば募るほど、遅かれ早かれ別れはやってくるもので、それを血も涙もない形で強制的に分断させてしまうシステムこそが「資本主義」なんだよと、マルクスは訴えたかったのではないかと思います。そして拡大解釈をすれば、「愛する者との別れ」＝「疎外」の最たるものが子育てなのかもしれません。こんな風にして捉え直してみると、「老いては子に従え」というのも「子育てという疎外」への対処法にすら聞こえて来ます。

私は、この落語の後半で、御門守に八五郎が酔っ払った勢いで「殿様、あっしは、侍の身分なんざいらねえ。御目録なんて大金もらっても、使い切ってよりだらしなくなるのは目に見えています。それより、お鶴が抱いている赤ん坊です。その子は殿様にしてみれば大切なお世継ぎ、跡取り息子かもしれませんが、うちのおふくろにしてみれば初孫です。一遍だけでいいです。一遍だけでいいですから、おふくろをここに呼んで、初孫の世話させてやってもらえますか？　この通りです」と言って、深々頭を下げたところ、御門守も感極まって、「八五郎、そちの願い、余はしかと受け止めたぞ」と言わせて、これに喜んだ八五郎が「おい、お鶴、おめえいい亭主もらったなあ」と言うシーンを挿入しています。

このほうが現代のお客様のカタルシスになるという発想です。「疎外」は、人間社会がこの世に発生した段階でプログラミングされていた、悲しいシステムなのかもしれません。だからこそ、それを人間の叡智でいくらかでも緩和させるのが肝心なのではないでしょうか。

それがさりげなくできることを、江戸っ子たちは「粋」とか「いなせ」と呼んだのではないでしょうか。人情噺の基本は、互いの「疎外」を想像し合うところにあるのかもしれません。「疎外を抱えた者同士、仲良くしましょう」という流れです。

いやあ、マルクスの御大に「妾馬」を、聞かせてみたいものですなあ。どんな感想を持ってくれるのでしょうか？　想像するだけでワクワクしてきます。

あ、久しぶりに長野にいる母親に電話を入れてみることにします。

江戸の価値観──浪人・侍というブレーキ装置

もしかしたら「疎外」は、人類がこの世に生まれた時点から発生した「業」のようなものなのかもしれません。「欲望」がある限り、付きまとうもので、人類はそこから逃れられない悲しき生き物なのです。

人類がこの世に誕生してからおよそ二〇〇万年。そして、資本主義が発生してたかだか二〇〇年。人類誕生の壮大な歴史全体から見れば、一万分の一の期間に過ぎないシステムに左右されているなんて、なんだかとてもバカバカしくなってくるから不思議です。

「儲けが一番」という後発ルールに縛られながら、様々な窮屈な思いを抱えて、コロナ禍でも満員電車で健気に会社に向かおうとしている日本人に、はるか天界のご先祖様たちはどんな言葉をかけてくれるのでしょう。

そんな「生き急ぐ」現代人にとって、ブレーキとなっているのが落語ではないでしょうか。

現在のコロナ禍で、なかなかできなくなってしまったものに「打ち上げ」があります。落語会と打ち上げ(飲み会)はセットみたいなもので、参加したお客さんと落語家が慰め合うように打ち解ける儀式といっても過言ではありません。

落語家は長時間喋って喉が渇いていて、クールダウンしたい思いがあり、お客さんにしてみれば出演者と一緒に落語の余韻に浸りたいという相互の思惑が一致する瞬間でもあります。

昔の世界を描いた落語のこと、現代人には共感しにくい価値観を訴えている場合もあります。

その代表格が前述した「三方一両損」です。拾ったお金をわざわざ届けに来てくれた人に向かって、「俺の懐から飛び出したものは、もう俺の金じゃねえ。お前にやるよ」と言うほうも言うほうですが、「いや、ふざけんな。そんなものいらねえ」と、それを拒否するほうも拒否するほうです。「本当はカネが欲しいのかもな」などと考えるのは、現代人の浅知恵なのかもしれませんが、かようなバカバカしい噺に、現代人が共鳴するのはなぜでしょうか？

それこそが、落語の醍醐味の一つ、「郷愁」ではないかと思います。

本項冒頭で書いたように人類は「疎外」とともに進歩と進化を繰り返してきました。でも、我々のご先祖様たちはそんな「疎外」に流されるだけの人生を歩んできたわけではないという証拠を、フィクションとはいえこの落語に垣間見て、「なんていじらしいんだろう」「世の中、捨てたもんじゃない」という一時の安らぎを感じるからこそ、いまだに共感を呼ぶのでしょう。

落語会でそんな気持ちになり、打ち上げで接する落語家当人が「世の中、カネが一番ではない」という価値観で生きて来た者だと肌で感じて（カネが一番という価値観の持ち主に、前座修業なんかクリアできません）、より親しみを抱き、仲良くなって「また次回の落語会にも来ますから」というような間柄になっていく。これが落語会の理想パターンなのです。

まだ新型コロナの影響で、大人数を集めての打ち上げははばかられていますが、いつかまたきっと大勢で飲みたいものであります。

それはさておき、「三方一両損」と同じように、江戸っ子の「粋がり」を体現したのが浪人と侍です。

浪人と侍ほど、疎外を拒否し、やせ我慢を貫く者はいません。そんな両者が登場する代表的な噺に、「井戸の茶碗」があります。

あらすじ

「正直清兵衛」と呼ばれるほど、正直者で知られる屑屋の清兵衛が、いつものように「屑ぃ、お払い」という掛け声で歩いていると、粗末な着物に器量良しの娘に呼び止められます。清兵衛が娘の住む裏長屋へ入っていくと、そこには父親の千代田卜斎という浪人がいます。卜斎は、家格の高い武家の出ながら、いまでは、昼は素読の指南、夜は売卜（占い師）をして、年ごろの娘と二人で貧しい暮らしをしています。卜斎は、清兵衛に仏像を引き取ってもらいたいと言いますが、正直な清兵衛は「いまここで骨とう品を商ってしまうと、これまでお断りしてきたお客に申し訳ない」と断るのですが、卜斎の苦しい浪人暮らしを見るに見かねて三〇〇文で預かることにします。「三〇〇文より高く売れたら、儲かった分はお互いで折半しましょう」と言い残し清兵衛は去って行きます。

清兵衛が仏像を籠に入れて歩いていると、今度は、細川藩馬廻り役の若い武士・高木佐久左衛門に声を掛けられます。高木は仏像が気に入ったので値段を尋ねるのですが、清兵衛はまたしてもバカ正直に「この仏像は三〇〇文で仕入れました。お値段はそれより高ければ大丈夫です」と答えます。高木もそんな清兵衛を気に入り、四〇〇文で買うことになります。

買った仏像を高木が一所懸命に磨いていると、台座の下の紙が破れて中から五〇両もの小判が出てきます。真っ正直な高木は、「自分は仏像を買ったが、仏像の中の五〇両まで買ったわけではない。だから元の持ち主に返すべきだ」と考えます。翌日から高木と家来は、仏像を売った屑屋（清兵衛）を探し、やっとの思いで見つけます。

ことの経緯を聞かされた清兵衛は、快く高木の頼みを引き受けて五〇両を元の持ち主・卜斎の家へ持っていくのですが、卜斎も真っ正直の頑固者、「ご先祖由来の大金に気づかなかったのは自分の不徳ゆえ、この金は受け取れない！」と言い張ります。清兵衛は仕方なく、五〇両を持ってまた高木の元へ行くのですが、高木も頑として受け取りません。

清兵衛が困り果て、長屋の大家に仲介を依頼すると、「卜斎と高木にそれぞれ二〇両、苦労した清兵衛に残りの一〇両で分けよう」という妙案を出します。高木は承諾するのですが、頑固な卜斎はこれまた拒否。大家は卜斎に「何か二〇両のカタになるものを高木殿に渡したらどうでしょう?」と提案します。そこで父の形見である小汚い茶碗を高木に譲ることで、一件落着します。

この話が細川家中に広まり、感心した細川の殿様が「茶碗を見たい」と言うので高木が持って行くと、なんとこれが「井戸の茶碗」という名器と判明します。殿様が三〇〇両でさらにこの茶碗を買い上げることになり、また話が大きくなります。高木は前例通り折半し、一五〇両をいただくことにして、残りの一五〇両は千代田卜斎に渡そうと、再び清兵衛を呼びつけます。

面倒な役を引き受けたと思いつつも、清兵衛は卜斎宅を訪れるのですが、予想通り朴斎は受け取りを拒否します。そこで清兵衛は、「何かまた持っていきましょう。今度は値のつかないものでお願いします」と頼みます。これに卜斎は、高木が独身だと清兵衛に聞き、手塩にかけて育てた娘を高木に嫁がせ、その一五〇両を支度金としたい旨を伝えます。

清兵衛からこの話を聞いた高木は、年貢の納め時と腹をくくり、その娘を嫁として迎えることにします。

清兵衛は高木に、「いまは裏長屋で粗末ななりをして暮らしている浪人の娘ですが、こちらへ連れてきて一所懸命に磨けば見違えるようになるでしょう」と話します。

すると高木はこう言います。

「いや、磨くのはよそう、また小判が出るといけない」

大団円となる人情噺で、清兵衛の右往左往ぶりがおかしく、頻繁に高座に掛けられる人気の演目です。

私は、この落語に通底する、実直さ・頑固さ・融通の利かなさが「江戸の風情や匂い」をキープしていたのではと受け止めています。

「頑迷さ」は清廉さに由来しているからこその爽快感です。そしてこれこそが当時は「信用」そのものだったのではないでしょうか。金持ちより、かような「信用持ち」をこそ尊ぶ気風がきっと江戸にはあったはずです。そしてそれこそが、いまの時代には明らかに欠落した部分なのです。だからこそ現代人が郷愁も含めた憧れをもってこの落語を受け入れているのではないでしょうか。

清兵衛も正直ならば、卜斎も正直でさらに頑迷、高木も正直という、どちらかと言えば権力のある二人に翻弄されてしまう清兵衛が可哀想でもあるのですが、私は後半、清兵衛を少々キレ気味に演じることで、お客さんの溜飲を下げられると考えています。

江戸のコミュニティは、みんなが正直に生きるという前提のもと、みんなが正直を競い合うことで「バカ正直」にまで至ったのかもしれません。

翻って、令和のいまはどうでしょうか。

他人より少しでも儲ければ勝ちだとか、「マウントを取ろう」とするとか、「勝ち組・負け組」の二元論しかないような切迫感で、本当に息苦しくなっています。

本当は喉から手が出るほど欲しいカネを、あえて強がって拒否する人物を描いた「三方一両損」と「井戸の茶碗」。江戸の民衆は、これらの落語を聞いて溜飲を下げ、日々の楽ではない暮らしに伴うウサをやり過ごしていたのでしょう。

もしかしたら、令和のいま、高座に通ったり、酒を飲んだりしながら、この資本主義的な価値観が浸透した世知辛い世の中を、一瞬でも忘れて、明日への糧にしようとしているのが、落語会のお客さんなのではないでしょうか。

落語を聞くことで、かつての江戸っ子たちの気概に触れ、それを笑うことで、まさに先祖供養をしているとも言えるのかもしれません。

「あなた方が銭カネだけの価値観に完全に染まらない世界を生きたように、我々もつまずきながら、後を追いかけます」と。

第4章 貨幣（カネ）

カネと吉本興業——貨幣は生まれつき金

貨幣は、交換の過程でその必要性が形をなした結晶である。それによって、労働の様々な生産物が、実際に、互いを同等とされ、従って、商品に変換される。歴史的な進展と交換の拡大が、商品に隠れていた使用価値と価値の間の対照性をも発展させる。この対照性に、外から見えるような表現を与える必要性が、商売上のやりとりのためにも、独立した価値形式の確立が、急務となる。そして、商品が、商品と貨幣に分化することで、皆がそれに満足するまで、休止がないのを見る。また、これと同じ速度で、生産物の商品への変換が完成する。同様に、ある特別の商品の貨幣への変換も完成する。

マルクス『資本論』第一巻二章

資本主義経済の発展とは、物々交換の消滅を意味します。肉と魚やハーモニカとマッサージなどといった異質な物同士を交換するために、最適な中継点として貨幣が生まれました。マルクスは「歴史の中で獲得された」そのような地位の象徴として、金と銀を挙げました。これが『資本論』でも記された「金・銀は生まれつき貨幣なのではないが、**貨幣は生まれつき金・銀である**」（第一巻二章）という言葉につながります。

これのさらにわかりやすい落語的言い換えが、なぜか関西弁である「世の中ゼニや」

であります。

この言葉に絡んで、具体的な体験を述べてみたいと思います。

実は私、落語家になる前の福岡での会社員時代に、「福岡吉本」で活動していました。「ワコール青木」という芸名で、同期として博多華丸・大吉さん、カンニング竹山さんらがいて、切磋琢磨し合ったものでした。いまも第一線で活躍している彼らですが、当時会社や学校を辞めるなどの退路を断って挑戦していることを悟り、「俺も会社を辞めて談志に弟子入りしよう」と思ったのです。

その際、「落語家になります」と福岡吉本の吉田武司所長に伝えると、「ひとまず三〇〇万円借りて来るんや。芸人始めてみて、その借金が三年で目減りする感じなら続けてみい。逆に増えるようなら辞めたほうがええ」と、非常に具体的なアドバイスをいただいたものでした（結果として、落語家にとっての下積みである前座期間をクリアするのに、私は九年半もかかってしまいました）。

これこそまさに「カネ」をイメージさせる当時の吉本興業を象徴する言葉で、まさに「吉本資本論」ではないかと、いまだに私の中でいぶし銀のように鈍く光っています。

そして、この吉田さんの言葉こそ、まさにマルクスの説く「労働価値説＝人間の労働が物事の価値を生む」という理論そのものではないかと感じています。

三〇年以上前の吉田所長の言葉を、超訳するならば、「世の中、ゼニなんやで。そのゼニの源はどこから来るかっちゅうことや。それは、人間の『働き』から来るんや。ぎょうさん芸人がおって、ぎょうさん働くやろ？　そこから利益が生まれるんや。だから、たくさんの芸人を吉本は抱えとるんや。だからといって神や仏ちゃうで。儲けられるか儲けられへんかの基準は三年や。三年やったら儲かる芸人かどうかはわかるんや」ということになるのではないでしょうか。

ここで話を元に戻します。**数多ある商品のうちの一つに過ぎなかった金や銀が、いまでは万物のトップに君臨し、無限の可能性のある若者の未来をも規定してしまうような存在にまで上り詰めている**のです。「たかが商品の一つに過ぎない」のに、です。

それにしても、吉本興業とは一体何なのでしょうか？

「カネ、カネ、カネ」と言っているようなイメージがある一方、三〇年以上前には、一銭のカネにもならない芸人未満だった私を、置いてくれていたのですから。

もしや「いい／悪い」という単純な二元論を超越したところに吉本があるのかもなどとツラツラ思い巡らせつつ、そんな吉本にまつわる話を当たっていくうちに、『吉本興業の約束』（文春新書）という本にぶち当たりました。吉本興業・大﨑洋会長（二〇一九年から）と、映画『ビリギャル』の原作者としておなじみの坪田信貴さんの対談本です。

ここで、吉本の懐の大きさにひれ伏すことになりました。吉本興業は、六〇〇〇人もの芸人を抱えるコングロマリットです。「ラブ＆ピース」ならぬ「ラフ＆ピース」の精神で、批判すらも笑いに変えて、さらにどんどん巨大化していくのが、その社風です。それが所属芸人の幅の広さにつながっています。

西野資本主義と村本社会主義

そんな吉本の象徴的存在が、西野亮廣（にしのあきひろ）さんと村本大輔さんではないでしょうか。私は、西野さんもメンバーになっている木村祐一さんを中心とするライングループに入っていますし、村本さんとは個人的に飲みに行くような間柄でもあります。水と油のような二人の天才（西野さんは吉本を退所しましたが）は、それぞれ「西野資本主義」「村本社会主義」とカテゴライズできるのではないかと考えています。

自らオンラインサロンを主催し、誰もが自立できるように親身なアドバイスを惜しまない西野さんの手法は、「資本主義」の中の生き抜く知恵そのものであります。実際、私は西野さんがフェイスブックで時折つぶやく言葉に触発されて原稿を書いたこともあります。

対する村本さんは、リベラルな立場からの社会批判をベースにした漫談で、イギリスでも拠点を持つなど、まさに「社会主義」的アプローチでグローバルに独自の路線を歩みます。彼は、談志が「本物の芸人」と認めた松元ヒロさんと互いにリスペクトし合う仲でもあります。

おっと、西野さん路線をより極めた「新自由主義」的な活動を旨とする中田敦彦さんもいましたし、自ら「吉本が中国共産党本部なら、私はウイグル自治区や」と、より村本さん路線を先鋭化させたような芸風のぜんじろうさんまでいます。

さらには、いまや落語家としての同志的立場で、私がリスペクトしてやまない月亭方正さんもいます。

方正さんは、吉本のメインストリームにいながら、落語という〝傍流〟にハマり、いまや人気・実力ともに上方落語界の一翼を担う存在にまでなっています。

改めて、吉本って何者なのでしょう。かつては「吉本興業は奴隷として売られるという意味で山椒大夫事務所や」などと自虐的に言っていた芸人さんもいたくらいで、まさに「マルクスの逆張り」をやって「労働者を派遣する」という「中間搾取」で利益を発生させている「パソナ」的なイメージも付きまとっています。売れっ子芸人たちが、下積み時代のギャラの少なさをネタにしているのを聞くと、吉本はまさに「パソナ」にしか見えないくらいです。

私はここで、「リヴァイアサン」(『旧約聖書』「ヨブ記」四一章に出てくる海の怪獣。ホッブズの有名な政治哲学の古典『リヴァイアサン』では、リヴァイアサンは国家になぞらえています)を思い浮かべます。

『吉本興業の約束』にも書いてありましたが、個々の社員が京セラの稲盛和夫さんの唱えた「アメーバ経営」みたいに蠢いているとのことです。儲かる仕事はもちろん、当時は三年の期限付きとはいえ、かつての私のような儲けられない芸人すら受け入れ続けたからこそ、結果として、会社が巨大化したと言えるでしょう。考えてみたら、私が中学時代のマンザイブームの昔から、「ギャラより高い交通費」とネタにされ続けてきたものですが、それに激怒するどころか、一緒になって笑ってきた、ある種の〝大らかさ〟がありました。吉本興業・現社長の岡本昭彦さんも、二〇数年前はダウンタウンさんのマネージャーで、いじられ倒していたという印象しかありません。

批判、非難、バッシング、いじり、いびりなどという、一般的には拒絶したくなるマイナス要素もネタとして、自らを育む糧にし続けてきたしたたかさがそこに垣間見えてきます。

無論、昨今うるさいコンプライアンスという面も含めて、ここで私は「タレント、芸人の特殊な世界ゆえ、すべては善」という短絡的な物言いをしようというわけではありません。実際、売れっ子お笑い芸人によるマネージャーへのパワハラ問題も、闇営業問題もありました。ただ、すごいと思うのは、そうやっていろんな難局を乗り越えて、いま現に生き永らえている点です。

こうなると、一企業というよりは、もはや不死のシステムにすら見えてくるのは私だけではないはずです。

一連の吉本騒動の最中、松本人志さんは「吉本は家族や」と言いました。いま思うとあの騒動でも、岡本社長は「ヒール」を演じていたのかもしれません。『吉本興業の約束』の末尾には、「大﨑さんは人のためにいちばん働く」と記されていました。会長自らの労働すら吉本本体＝家族に還元しているからこその現在の吉本のポジションなのでしょう。

つまり先ほど提示した「リヴァイアサン」ならぬ大阪弁の「リバイアはん」でしょうか。だんだん「吉本の正体」も見えて来ました。

ところで、この「したたかさ」と「しなやかさ」というか、「バカではなくアホ」と褒められる対処法は、真似すべき案件かもしれないなとふと思います。

「六〇〇〇人も芸人を抱えているけれども、売れているのはごく一部だ」という見方をするのではなく、それとは逆に「宝くじで当てたいなら、売っているそのくじを全部持てばいいんだ」という考え方にも似た振舞いが、どこか吉本の社員さんたちにはあるような気がするのです。私も実際、福岡吉本の門を叩いた時には、押しかけ女房的に「いさせてもらった」と、いま振り返ってみて感じていますが、それとて決して不快な目には遭っていませんでした。むしろ居心地はよく、こんな自分を、博多華丸・大吉さんやカンニング竹山さんは、いまでも「同期」と認めてくださっています。自分と考え方の違う人たちを、すぐさま排除したがるような世知辛い風潮が漂う昨今ですが、そんな吉本の〝大らかさ〟は個人レベルでも持ち合わせていけば武器になるのではと確信します。無論、個人レベルではなかなか実践できないのは百も承知です。そして読者各位の中でも「じゃあ勤め人の俺はどうすればいいんだ」という声も聞こえて来る中であえて言います。

つまり――「自らに向けられた批判」をも受け入れて、芸人でなくとも「ネタ」にする、つまりは**「すべて面白がる」**姿勢を持つ。

すみません、吉本にいた過去も恩義もありますので、いくぶん、吉本に肩入れしすぎかもしれません。ま、これは私の吉本への個人的思いであり、ラブレターです。どうぞご理解ください。反論は編集部まで（笑）。

注釈・的場スコープ「芸人の世界は資本主義以前の世界」

吉本興業といった芸人の世界は職人の世界ともいえます。徒弟職人は一宿一飯の恩義で、資本主義以前の時代環境に生きていたのです。それを「家族的企業（経営形態の問題ではありません）」ともいいますが、その分、「親分・子分」といった封建的体質を持つこともあります。資本主義的に徹底したほうがいいのでしょうが、そうでないからこそ、面白いのかもしれません。ただし、資本主義の中に組み込まれれば、当然ながら利潤追求という問題が出てきます。

よそう、また夢になるといけねえ――「芝浜」の貨幣論

貨幣（カネ）というのは非常に悩ましいものであります。無ければ辛いし、かといってそればっかりだと貧乏くさくなって、非常に距離の取り方の難しい存在です。

いつだったか『男はつらいよ』で寅さんが、「俳句に『それにつけてもカネの欲しさよ』とくっ付ければ短歌になる」というようなセリフを言うシーンがありました。つまり、俳句（五・七・五）に、下の句として「それにつけても・カネの欲しさよ（七・七）」を付ければ形式的にも、意味的にも短歌（五・七・五・七・七）として成立するということですが、いやはや、庶民の心と、俳句、短歌のある種の特性（通俗性）を見事に捉えた名セリフだと思いました。

落語にもやはり「カネ」を扱った物語が多数あります。年末になるとまるで「第九」（ベートーヴェンの交響曲第九番《合唱》）を求めるのと同じようにお客さんも聞きたくなり、そして落語家もこぞってやりたがる「芝浜」もそんな一席です。

あらすじ

腕はいいものの、大酒飲みの魚屋の勝こと魚勝が主人公です。これも江戸っ子の粋がりなのでしょう。「なあに、酒食らって休んだってすぐ元が取れるんだ」とい

う気概こそ江戸っ子の本質、相も変わらずの貧乏暮らしです。一か月半も商いを休む体たらくに業を煮やした女房は、朝早く魚勝を起こし、芝の魚市場に仕入れに向かわせます。ところが女房が時間を間違えてしまっていたようで、河岸（魚市場）は開いていません。

仕方なしに煙管を吸って時間をつぶしていると、波打ち際に革の財布を見つけます。拾って中を見ると、大金（談志は四二両）が入っています。大喜びの魚勝は家に帰って、「生涯働いても稼げるカネじゃねえ」と、「お上に届けよう」という女房を説き伏せたうえ、「もう働かねえぞ」と飲み仲間を集めて大酒を食らいます。

翌日、女房は亭主を叩き起こして「商いに行って」と催促します。亭主は拾った財布の金で何とかしろと言いますが、女房は「知らないよ、お金なんて。そもそも魚河岸なんか行ってないだろ。お前さんが金欲しさのあまりに財布を拾った夢を見たんだろ」と言い返します。

「俺は間違いなく拾った！」と言い争いになり、ついに女房は泣き出して、「どうせなら拾った夢じゃなく、稼いだ夢を見てよ」と訴えるのでした。

とうとう魚勝は「あれは夢だった」と信じ込み、「これじゃいけねえ」とそれ以降、酒を断って、必死に働き始めました。

その三年後——。表通りに小さいながらも店を構え、弟子の三人も置くような身分になった魚勝でした。

そしてその年の大晦日の晩のことです。女房は財布の話を切り出します。「あれは夢じゃなかったの」と号泣しながら、真相を打ち明けます。

――三年前、魚勝が酒を飲んで寝たのを見計らって、拾ったお金を持って大家さんのところに行くと「一か月半も働いていない魚勝が、こんな大金を持っているわけがない！　どういうわけだ？」と大家さんから詰問された。「魚勝が芝の浜で拾ってきたカネです。落とし主に返すこともできないから使っていいんですよね」と言うと、大家さんは真っ赤になって怒り、「そんなカネを少しでも使ってみろ。魚勝は罪人になっちまうぞ！」「じゃあどうすればいいんですか」「どうもこうもない。まずお上に届けろ！」「そんなの無理です。すっかりあの人、自分のものだと思っています」「魚勝はなにしてやがる？　なに、酒飲んで寝ている？　いいか、俺がこのカネをお上に届ける」「それじゃあ私はどうすればいいんですか？」「いいか、いままでのこと一切合切を夢にしちまえ。それしか道はねえ」と諭された――。

「そんな大嘘をつき通せるわけはないと思っていたけれど、必死に私がウソをついたら、お前さんは素直に信じてしまったのよ――」

その後、人間が変わったように働いて三年で真人間になった魚勝でしたが、「落とし主が現れず、拾い物は拾い主の元へ」ということで拾ったカネが改めて届けられていたのでした。

　女房の述懐に亭主の魚勝は、ウソをつき通した女房の辛さを慮り、その思いに深く感謝します。「お前のおかげで俺はなんとかなった。お前こそ辛かったろう」と労わり、二人は涙ながらに慰め合います。そして女房は、この三年頑張ってきた亭主に、久し振りに酒でも飲もうよと勧めます。

「うん、そうだな、じゃあ飲もう」と口元に運ぼうとして、止めます。

「よそう。また夢になるといけねえ」


談志は**「落語のテーマは飢えと寒さである」**と言っていました。

暖房器具のない冬の江戸は、とてつもなく寒かったはずです。さらに、金がないと年も越せなかった懐具合の寒さも想像すると、その辛さは甚大なものだったはずです。だからこそ、令和の時代に生きる我々の遺伝子に刻み込まれたと思しきご先祖の記憶が呼び起こされ、この噺が身に染みるのかもしれません。

　この醍醐味、つまり言葉では言い表せない共感こそ、落語の底力ではないでしょうか。

ただ、そんな落語の潜在的な魅力にすら、「すべては疑いうる」というマルクスの名言よろしく「落語の面白さはそんなもんじゃねえだろ！」という視線を貫き通したのが、わが師匠・談志でした。

談志は「落語は人間の業の肯定」という定義をし、そこから逸脱する人情噺については、生涯クエスチョンを投げ掛けていました。

とはいえ、「そんな小難しいことはいいから、談志ならうまくやってくれるさ」というファンの声を汲んで、「こういう噺でも俺は名人だ」とばかりに、昔ながらの名人芸を見事に演じていたものでした。

しかし、やはり談志にしてみれば、所詮、これは妥協策でした。

名人の系譜上の伝統的な名演は、談志からしてみれば本質的な解決には程遠いものと認識していたようで、「芝浜」＝「業の克服」というネタに対して、生涯実験を施していました。

いやはや、これはまさに自縄自縛と言うべきものです。そんなの放置しておけばいいのにと思うのですが、そこがマルクスにも通じる談志の「しつこさ」だったのかもしれません。

弟子入りして以来、毎年年末が近づくと、「いやあ、名演だなあ」と思う「芝浜」に何度も接しましたが、それに満足することなく「いやあ、まだよくなる。もっともっと」と叱咤激励する姿には、こちらが怖くなったものでした。

が、そんな苦闘し続ける談志を、神様は見捨てませんでした。

その瞬間は、談志の晩年に訪れたのです。

これが先ほども書きましたが、談志マニアの間で語り草になっている、二〇〇七年一二月一八日のよみうりホールの「芝浜」です。

亡くなる四年前、もうそろそろ本人も、従来の熱演型の落語からフェイドアウトしていくことになるだろうなという実感というか、予感はあったはずです。

「年取っていいことなんか、ねえ」と、このころ頻繁に口にしていたものでした。

自ら「ミューズが舞い降りた」と言わしめた「芝浜」には、私は立ち合えませんでしたが、後日、映像で観ると、これまで築き上げてきた己の落語理論なんざどうでもいい、と言わんばかりの圧倒的な高座でした。

これぞまさにアウフヘーベン！　談志の存在、理論からルサンチマンすらまで、すべてを総合したような「芝浜」に鳥肌が立ちました。登場人物、特に女房が吹っ切れているのです。まさに、この怪演を成し遂げるために、苦難続きの落語旅を続けてきた談志への、最期のご褒美のようにすらも思えてきました。

これこそ、まさに「他の商品と取り替えようがない存在」として屹立している「貨幣」そのものではないかと、いましみじみ感じています。

談志は、そのさまざまな名演によって、落語界の貨幣だったのです。実際、その「芝浜」は、いわゆる「ドル箱」と言われるものでした。

談志は「日本一代演が利かない落語家」だったような気がします。他の落語家なら「代演」というピンチヒッターが、時としてあてがわれることがありますが、こと談志に関しては、それは想像できません。たとえば、談志の代わりに私が出ようものなら、私が客なら暴動ものです（笑）。

いや、談志をはじめ、余人をもって代えがたい、他の追随を許さない性質のものを「貨幣」と呼ぶのならば、売れっ子とは貨幣であって、弟子たちにそんな存在になってほしいと願っていたのが談志でした。

私が二つ目になったころでしょうか、談志を故郷に招いた時に打ち上げで盛り上がり、師匠による弟子の寸評が始まりました。一番弟子から順にほめていって、立川流創設以降の弟子の話になり、「志の輔は俺からポピュラリティを、談春は俺から格調を、志らくは俺の狂気を……」と続き、私の番になって、「お前は、そうだな、野心だけは認めてやる」というオチが待っていました。野心しか、ほめるところがなかったのです。『落語で資本論』流に言うならば、「貨幣になろうとどんな手段でも使おうとしている」点だけが評価してもらえたようなものでしょうか。

つまり、私は「本物になろうと野望に燃えるニセ札」だったのでしょう。

あれから二〇年以上経ちますが、まだまだいまだに「ニセ札」ではないかと自身を恥じるのみです。ベースとなる落語も、談志の演出を自分なりにアレンジして、なんとか自分らしさを刻み込もうとしているだけではありますが、ともあれ、地道に貨幣になるべく寡兵のごとく踏ん張っています。

「貨幣（カネ）」に振り回される落語の登場人物同様、「落語界の貨幣（カネ＝ドル箱）＝談志」に振り回され続けている私です。もう当の本人はこの世にいないのに、です。いまはやりの**「仮想通貨（暗号資産）」**を完全に超越する純金のような師匠は、私のみならず弟子の心にいまだにキラキラ輝いているのです。あ、純金に対するフェティシズムみたいですよね（笑）。

「貨幣は生まれつき金や銀である」という『資本論』の中の言葉を噛みしめながら、彼我の差を埋めたいからこそこんな本をこれからも書き続けます。

注釈・的場スコープ「仮想通貨」

通貨はいずれも仮想通貨といえます。実際には信用を背景にして成り立っています。もとをたどれば手形で、一覧払い手形といいます。その手形を発行するのが中央銀行だから、信用してだれも割り引かないだけです。信用がなければ、だれもすぐに本位貨幣である金貨に変えます。こうした制度が確立したのは、比較的最近です。もちろん国の信用は、国家の権威ではなく、金を蓄蔵し、いつでも金で通貨を購入してくれるからでしかありません。それを準備金といいます。準備金がなくなれば、信用をたちまち失います。ここでいう仮想通貨は、最近のコンピュータ技術で一定の速度で発行されるクリプト通貨ですが、これは管理がないと不安定な通貨です。デジタル通貨を国家あるいは国際的に創造しようという動きが出ています。

貨幣は自称しない――「文七元結」

いやはや、SNSブームであります。いや、ブームと言うよりは、もはや完全に定着した感すらあります。

先日三年ぶりにハワイでの独演会が決まり、有効期限が切れていたESTA（エスタ）（電子渡航認証システム）というアメリカに短期入国するための手続きをパソコンでやっていました。これがまた大変面倒くさく、一か所でも間違えると、次には進めないのです。私のような「機械音痴」にはまさに苦行でありました。幾重にも渡って「お前は誰だ？怪しい奴なのか？」「本当に青木幸二（本名）なのか？」と、なぜかトランプさんに聞かれているかのような心持ちにすらなったのですが、驚いたことに、フェイスブックやツイッターやインスタグラムのIDを求める項目があったのです。

これには驚きました。各種のSNSが「間違いなく、私です」ということを証明するために使われるほど、SNSは人口に膾炙したということでしょうか。

「自称するための装置」としてのSNSが、いまや「電脳パスポート」的な身分証明書

にまで昇華したと言うのは、〝過大評価〟でしょうか。

路上で歌を歌ったことがあるといった程度の人が〝歌手〟を自称したり、ＰＴＡの会報誌レベルの文章しか書いていない人が〝作家〟を自称したりと、好き勝手に自称するためのシステムがＳＮＳ、という私の認識はすでに時代遅れだったのです。

日々アップデートする必要性を改めて痛感したのですが、考えてみたら、自称という行為も、極めて現代的ではないかと改めて感じた次第です。

ところで――。

自称というと、私はいつも「文七元結（ぶんしちもっとい）」という落語を思い浮かべます。

あらすじ

江戸は本所達磨横町に住む左官の長兵衛。博打で負けて半纏（はんてん）一枚で帰宅すると、娘のお久がいなくなったと女房が泣いています。そこに吉原の大店「佐野槌（さのづち）」から使いが来て、娘は佐野槌で預かっていると知ります。長兵衛が佐野槌へ行ってみると、お久は、「自分の身体をこの店に売って父親の借金を帳消しにしよう」としていたのでした。女将はそんなお久の心意気に惚れます。

「父親の借金のために自らここに身体を売ろうなんて娘を私は初めて見ました。この娘のためにお金を貸しましょう。この金を来年の大晦日までに返してくれたら、お久さんを無傷のままあなたの元に返します。でも、返済が一日でも過ぎたら、女郎として店に出すことになります」と、五〇両もの大金を貸すと言うのです。

長兵衛はその帰り道、吾妻橋で身投げをしようとしている近江屋の手代・文七に出くわします。文七は、五〇両の掛金をすられて、「死んでお詫びをしよう」としていました。押し問答の後、長兵衛は、娘と引き換えに借りた五〇両を「死んじゃいけねえ！」と叩きつけて去って行きます。

文七が店に戻ると、盗まれたと思っていた五〇両は先方に置き忘れていただけで、すでに店に届けられていたと判明します。驚きながら文七は、自分の懐の五〇両の訳を主人の善兵衛に話すのでした。

翌日、近江屋・善兵衛は文七を伴い、長兵衛宅を訪れます。五〇両を長兵衛に返そうとしますが、長兵衛は「江戸っ子が一旦懐から出したものを受け取れるか」と断固拒否しますが、なんとか善兵衛は長兵衛に金を受け取らせます。

さらに善兵衛は、「昨晩の長兵衛の心意気には感動した」と、親戚付き合いと文七の親代わりになってほしいと長兵衛に頼みます。長兵衛は照れながらも受け入れ、祝いの酒を受け取ります。そして善兵衛が「肴もお受け取りください」と言うと、入って来たのは、近江屋が佐野槌から身請けをしたお久でした。

その後、文七とお久が夫婦になり、元結（髪を結う時に使う装飾紐・糸）屋を始め繁盛したのでした——。

いやあいい噺ですよねえ。

談志の得意ネタであり、歌舞伎でも演じられている人情噺の代表作です。

「長兵衛の江戸っ子らしさ」が根本で輝く落語ですが、一説によると、幕末の薩長土肥の新政府の支配階級が、三遊亭圓朝（さんゆうていえんちょう）（一八三九－一九〇〇）に向かって、「江戸っ子というものがよくわかるような落語を作ってみろ」と居丈高に言い放ったので、「ようし、これが江戸っ子の心意気だ。てめえら田舎者にはわかるめえ」という気概を込めて作ったなどと言われています。

「娘を売ったカネですら、目の前の困った人にはやっちまうのが江戸っ子の心意気だ」というスカッとする一席で、地方育ちの私ですら、やはり憧れてやりたくなる噺でもあります。

さて、この落語で後半、近江屋・善兵衛が長兵衛宅を訪れ、「左官の長兵衛親方ですか？」と尋ねた際、**「さあ、どうですかねえ。親もそう言っているし、仲間もそう言っていますからことによると、そうじゃござんせんかねえ」**と答えるシーンがあります。

何気ない場面ではありますが、実は談志の語る「文七元結」の中で、ここが、私の一番好きな箇所なのです。

改めて、他人様から氏素性を尋ねられた時に、照れ隠しに答える作法、これこそ江戸っ子の真骨頂ではないかと思うのです。**「自称」はおろか、他人から名前や肩書きを確認されても、面と向かって応答しようとしない**ところに江戸っ子の奥ゆかしさ、かつての日本人が持ち合わせていた感受性が垣間見えるような気がするのです。

江戸っ子を自認していた談志も「俺が、俺が」と自己主張していたイメージがありますが、基本的に「そういうのは田舎者だ」と唾棄していました。

ついでに言うと「田舎者というのは、了見だ」とも言っていました。出身地や出自ではなく、「照れやはにかみを、どこかで持ち合わせている」了見こそ肝心だと言いたかったのでしょう。「自称するのは野暮だよ」と。

貨幣になれ！

考えてみたら、談志も「自称」しない人でありました。いや、わざわざ「自称」なんかしなくても、世間が認めるメジャーな存在だったのです。国内旅行中に、ホテルのフロントで「どちら様ですか？」と聞かれただけで不愉快になるような人でした。「全国に認知されるだけの内容と知名度のある俺を知らないとは不勉強にもほどがある」という思いと自負からでしょう。

だからこそ弟子たちにも「売れろ」とはよく言っていました。「そのための手段ならなんでも構わない。逆にそんな娑婆っ気を丸出しにすることこそ芸人ではないか」とさえ言い切っていましたっけ。

牽強付会的に極論すれば、「貨幣も自称しない」ものであります。

貨幣は極めて不思議な存在です。一万円札なぞは、紙切れに過ぎませんが、「談志はスゴい！」と世間が認めているように、一万円札も世間は「一万円の値打ちがある！」と認めているからご祝儀でもらうと嬉しく、だからこそ価値があるのではないでしょうか。

ＳＮＳで肩書きに「落語家」を自称している私は、やはり談志とは懸隔の差があり、いまだに各種パーティなどに行っても、自己紹介で「落語家」と名乗らざるを得ない現状を恥じるのみです。本書『落語で資本論』が売れたら、「ああ、あの有名な本を書いた落語家さんはあなたでしたか！」と言われるような日を夢見ています。

そんな「世間が認めた」談志が、真打ちとして認めてくれたのだという自負とも自恃とも言える認識によって、地道に落語会を積み重ね、コツコツかような本を書いたりしているのですが、なんだか**「お前も俺みたいな『貨幣』になれ」**と、あの世でマルクスと酒を酌み交わしながら、談志が応援してくれているような感じがしてきました。

やはり、「いまはやりの仮想通貨ではなく、貨幣」なのです。

もっとも立川流は、落語協会などのメジャー団体から比べれば「少数精鋭」であって、実際は談志の面倒くささに、入門してもすぐ辞めた弟子がたくさんいたわけですから、結果的には「貨幣」というより、「寡兵（かへい）」だったというオチが待っていました。

それにしても、マルクスが「文七元結」を聞いたらなんと言ったでしょうか？

やはり、この長兵衛に代表される「江戸っ子」という存在は、「持ちつけないカネ」＝フェティシズム（物神崇拝）の拒否そのものだと、大絶賛していたに違いないのではないかと、まだまだ「自称」しなければ作家として認められない私は、強く思うのであります。「作家として、落語家として認められるならば、五〇両（現代の通貨価値にして約五〇〇万円）を投げ捨てられるかどうか」。やはり「文七元結」は、現代的にも、将来的にも値打ちのある金銀のような「貨幣」のような噺なのであります。

注釈・的場スコープ「貨幣」

貨幣というものは、専門的にいうと一般的等価形態という形をとり、だれもがその価値を認めるものです。だからこそ流通し、価値尺度として機能し、それ自体が価値を持ち、だれもが蓄蔵したいと望みます。さらに、貨幣は支払い手段として、また世界貨幣として認識されているものでもあります。とはいえ、絶対的な価値のある〝永遠の貨幣〟など存在しません。それをあえて特定するならば、誰もが欲しがる金（きん）（ゴールド）でしょうか。

しかし、金ですら猫に小判、猫には「価値」という認識がありませんので、絶対的で永遠に価値があるなどとは言えないのです。それ以外の信用紙幣、つまりそれぞれの国家の通貨ですが、国内的価値はまだしも、国際的には価値がありません。だからインフレになると、価値を失ってしまいます。有名人であろうと、絶対的に誰もが永遠に忘れることのない人間などいないのです。談志もマルクスもいつかは消えます。

なるほど。**「談志もマルクスもいつかは消えます」**という的場先生の言葉、響きます。心に刻みます。

カネまみれからの脱却――「紺屋高尾」の幸福論

さて、前項からの続きです。

談志は「貨幣」そのものでありました。そして、弟子にも「俺と同じような『貨幣』にまで上り詰めてみろ。どんな手段を使ったっていい。欲望の限りを尽くしていいのは、芸人とスポーツ選手だけなのだから」とずっと発破をかけ続けていたものです。

談志が絶対的存在感を有していたころのドルとするならば、私はどのあたりの通貨になるでしょうか。「評価は他人が決める」という談志の定義に基づき、皆様にご評価いただくしかありませんが、かつての「ジンバブエドル」のような暴落は避けたいと日々努力するのみであります。

もっと言うならば、「唯一無二の金のような存在になれ」と言いたかったのではないかと思います。「俺が嫌なら超えてみろ」とも言っていました。これは、自分に自信がないと絶対言えないセリフであります。

談志が「ドル」ではなく「金」のような存在で、そばにいた私は、その余徳で本も書けています。

注釈・的場スコープ「ドル」

ドルも信用紙幣にすぎません。もちろんIMF体制によって世界の決済通貨として機能していますので、たとえば世界的に認知されているJ・F・ケネディ米大統領のような通貨です。しかし、最近の若い人はケネディを知らない。それと同じく、ドルを世界貨幣から排除しようとする動きも始まっています。それはアメリカの財政赤字と貿易赤字が大きすぎて、ドルの価値が低落しているからです。そのため今後は、元やルピーが世界貨幣になるかもしれません。毛沢東やガンジーが、ケネディに取って代わるのかもしれないのです。

前座の後半期でしょうか、何をやっても認めてもらえない時期がありました。踊りを覚えてもダメ、唄を覚えても却下されるという時期でした。

マジメ過ぎる性格のゆえか(芸人向きではないのかもしれません)、教わった通りに、すべてを杓子定規にこなしてしまう「固さ」がネックになっていたのでした。

大概の場合ですと、師匠側から「君は向いていないからやめろ」などと言うはずなのですが、談志の場合は違っていました。

「俺に殉じてみろ」とまで言ってくれたのです。

「お前がそこまで不器用だとは思わなかった。だったらいっそ、その不器用さを極めてみろ。とことん俺の基準に向かって討ち死にし続けてみろ。俺の言葉と俺の基準を、死ぬつもりで守り抜いてみろ。俺もお前に向き合ってやる」という意味だったのでは、といまとなっては噛みしめています。

逆に言うと、「モノマネでもいいから、価値観の照準を俺に合わせてみろ」という意味合いだったのでしょうか。「一を聞いて十を知る」志の輔師匠、談春兄さん、志らく兄さんには、絶対言わない言葉だったはずです。そこまで談志と対峙したという自負こそが、いまの私の礎であります。

先日、「人間力」を高らかに謳う月刊誌「致知」を発行する致知出版社からインタビューを受けました。この雑誌は、全国の経営者階級が悩んだ時にこぞって読むと評価されています。

「談志の無茶ぶりにいかに耐えたか」を力説したインタビューは、都合一時間半を超えるものとなりました。

帰宅後、カミさんに今日の「戦果」を鼻高々に報告すると、「致知出版社って、困難を克服した人がインタビューを受ける雑誌よね」と切り出しました。「そうだよ、だから俺に依頼が来たんだよ」と言うと、彼女は呆れ果てて、「あなたはただドジだっただけじゃない。本当に困難を克服したのは、あなたみたいなドジな弟子を持ってしまった談志師匠のほうよ」と斬って捨てられました。

まさにその通りで、返す言葉がありませんでした。

考えてみたら彼女は主婦として、私の労働を完全に「搾取」する立場の人です。私が我が家における労働者ならば、彼女は我が家における資本家階級であります。

全国の労働者の皆様、決起しましょう（笑）。

ま、冗談はともかく、談志の弟子となると、前座の時には、いわば「二つ目にならないと認められない、稼げない」という価値観に拘束され、それを談志と共有しないと次に進めないのです。何年かかろうが、です。

で、ここからがこの「価値観」のスゴいところですが、何年か経つと、いつの間にか会社の「係長→課長→部長→本部役員」といった世間並みの出世コースはもちろん、もっと言うと「生涯賃金」などという社会の基盤ともなる基準が、自分にはもうすでにないことに気づくのであります。

談志のそばにいて、「談志だけに認められればいい」という日々を送ることによって生まれて来た副産物でしょうか。このおかげで、還暦に近い今日、ふと気づくと**「他人様をその肩書や年収で評価しない」という座標軸が確立している**のです。

まあ、いまでこそ、そんな風に気軽に分析できるようになりましたが、前座時代などは、現代のカネがすべてという、私からすれば「向こう側」の価値観を盛んに訴えて来る大学の先輩に辟易したものでした。上から目線で「まだ前座かよ」とバカにされ続けたものです(ま、早くに昇進しなかった自分が悪いだけの話ですが)。

談志の弟子として、知らずしらずのうちに身に付いたカネに左右されないという価値観は、結果として落語の登場人物の価値観に限りなく近いわけで、もっと言うと彼らと同じ空気感を纏うことにもつながり、いや、だからこそ、その落語に説得力が出てくるのではないかと、いまでは信じています。

やはり「無駄そのもの」という感じしかない前座修業は、振り返ってみれば自分には必要なものだったと思うのです。

そんなカネまみれの考え方から脱却することで幸せを手に入れたことを訴える落語があります。

ご存じ、「紺屋高尾(こうやたかお)」です。

あらすじ

染物屋の職人の久蔵は真面目一筋で腕のいい色男です。

二五歳となったいまでも、遊びひとつしなかったのですが、兄弟子たちに連れられて出かけた吉原で花魁道中を見物し、そこで見かけた高尾太夫に惚れてしまい、恋煩いに陥ります。

「高嶺の花だからあきらめろ、忘れろ」と兄弟子に言われても、その恋情は募る一方です。

話を聞いた親方に「一五両こしらえろ、会わせてやる」と言われて、久蔵はバカ正直にその言葉を信じ、五年かかるところを夜も寝ないで三年で一五両を作ります。そしてその金で、医者の藪井竹庵を通じて高尾太夫に会う約束を取り付けます。

藪井は「職人だと知られないように、職人言葉を出さない、藍色に染まった手を見せない、大金持ちの若旦那と身分を偽る」ように言い聞かせ、高尾太夫に会う夢を叶えさせてやります。願いが通じ、一晩床を一緒にした久蔵でしたが、翌朝、太夫に「次はいつ会えます」と尋ねられ、たまらず藪井との約束を破って本姓と身分を打ち明けます。

「私は金持ちの倅でもなく、ただの職人です。またあなたに会うためには三年かかりますと泣いて白状しますと、高尾も涙ぐみつつ、久蔵にほだされ、「来年の三月一五日に年季が明けるので、その時に女房として迎えてほしい」と話すのでした。

　帰ってきた久蔵からの話を聞いた店の者は、みんなウソだと言い張るのですが、翌年、約束の三月一五日、本当に太夫は虚飾を捨て、その身一つでやって来ました。二人は祝言を挙げて夫婦となり、親方の店の後を継いで、江戸っ子中の大評判となり、店はずっと大繁盛していきました。


いやあ、ほんとにいい落語です。老人の域に達しているベテランの落語家がこの落語をやっていても、本当に絶世の美女が浮かんでくるようで、これぞ話芸の極みと思えます。

　さて、この噺、どうして令和の御代にまで語り継がれているのか。それは「ウソ」、つまり「絵空事」には聞こえないからではないかと思います。というのも、「紺屋高尾」という落語は、「カネがすべて」という現実世界のリアリティを、まず厳然と描いているからではないでしょうか。この噺が最初から「世の中、カネより大切なものがある」というノリだったとしたら、薄っぺらいＪ－ＰＯＰに陥るだけです。久蔵は周りからは無理と言われながらも、高尾太夫に会うために、一五両ものカネを稼ぎ出します。だからこそ、そのリアリティが響くのです。

カネが大前提ならば、「だったら稼いでやる」と、持ち前のバイタリティとパワーでいちずに汗水たらす男こそ、久蔵だったのです。三年でこしらえるのは無理だという予想を見事に覆したところに彼の真骨頂があったのです。そして、「カネで買われた」世界のトップを張る高尾太夫ならば、その大変さが痛いほどわかったのではないでしょうか。そしてこの底力といちずさに、高尾太夫は惚れてしまったのではないかと思うのです。

さらに高尾太夫サイドから考えてみると、花魁は華やかな存在ではありますが、借金を返さないうちは自由になることが許されない状況下にいます。そうした見えない鎖のような呪縛を「もしかしたら、この人（久蔵）ならほどいてくれるのかも……」と、高尾太夫は考えたのではないでしょうか。こういう妄想が許されるのが古典落語の大らかさなのです。

と、ここまで書いてきてふと思いました。この久蔵という人物にピッタリな人物がいることを。

そうです、あの小室圭さんです。

世間の評判をねじ伏せる形で、見事にアメリカはニューヨーク州の司法試験に合格しました。「久蔵が三年で一五両こしらえた」のと似たような気概が、小室さんにはあるように思うのです。

高尾太夫にしろ、眞子さんにしろ、時代や身分などの違いはあれ、自分の未来、そして世間一般の価値観を変えてくれる力強い男性、言い換えると搾取状態から解放してくれる人を求めているのではないでしょうか?

いやあ、現代ならばジェンダー的な視点から申し上げるべきかもしれません。これは、男性とか女性とかに限定されるような話ではなく、また男性がマッチョ的なパワーで女性をゲットするような時代ではありません。見方を変えれば小室さんは久蔵とは正反対の、ただの「逆玉の輿」とも言えます。

実際、大学では成績優秀者はほとんどが女性とも聞きますし、医科大学でも下駄を履かせないと男は激減となりかねず、首相も、何党であれ、誰であれ、とりあえず女性にしたほうがよいと思われる昨今であります。

つまり、現代は男性とか女性などの性別に限らず、バイタリティこそ人類共通の「モテるポイント」という時代なのでしょう。

とはいえ、そういう点を加味しながらも、高尾太夫はいわば、カネという価値観に搾取され続けた存在と言えるわけです。

まとめるならば、相手のいわば「搾取」状態を解除するバイタリティを持ち合わせれば、久蔵が高尾太夫といっしょになれたように、誰もが目標をゲットできる可能性があるんだよと、この落語は教えているのかもしれません。

いやあ、しかし、ジェンダー的に角の立たない言い方って、難しいですなあ。

追伸……。

もしかしたら、がんじがらめの「身分制度」の中で悲しくも「人身売買」が前提となっていた絶対的な社会背景があり、なおかつそれが内燃機関の外壁のように強固で壊せなかった時代ゆえ、「紺屋高尾」や「文七元結」や「ねずみ穴」などの名作が、アウフヘーベンされて生まれてきたのかもしれません。いまや全世界的に問題となっているLGBTQ的には、もはやそんなかつての落語的価値観が大手を振っていられない世界になりつつあると感じています。

ただ、それでも聞いてくださるお客様の心の中には、時代が変わっても揺るがない「人情の機微」があるはずです。それを信じて、覚悟を決めて愚直に落語に向き合っていく所存です。

少なくとも『落語で資本論』という無謀な心意気を良しとして、この本をここまでお読みいただいた方には、きっとそれらが伝わるものと確信しています。今後も表現を注意深く選んで微調整を加え、工夫しながら頑張ります。何とぞよろしくお願いします。

「死神」はマルクスの化身だった!?

ここまで書き進めてくると、もはや『資本論』を落語に寄せて書き連ねているのか、それとも、落語についての可能性を『資本論』に即して追求しているのか、あるいはその両方なのか、なんだかまったくわからなくなってきました。

いや、この「わからなくなってきた」という混沌こそが、本書の醍醐味ではないのかという思いもよぎります。『わからなくなってきました』（新潮文庫）というタイトルの名著を持つのが宮沢章夫さんだったことを思い出し、さらに宮沢さんが、本書を書き進めつつあった二〇二二年九月一二日に亡くなったことを噛みしめています。

『わからなくなってきました』は、前座のころに読んで、そのアプローチに刮目したものです。Amazonサイトの内容紹介には「9回裏、8点差のゲームが3点差に。2死満塁で絶好調の3番打者が登場。緊迫した場面で、アナウンサーが発する『わからなくなってきました！』という叫び。この紋切り型発言って、いったいなんなのか？」とありますが、まあほんと、実にどうでもいいことを皮切りに、独特のずらした視点で綴られたエッセイに、当時は脱力しながら笑ったものでした。

そんな折、「参考になるかどうかわかりませんが、宮沢章夫さんが『「資本論」も読む』（幻冬舎文庫）というタイトルの本を出していますよ」と、本書の担当編集者からメッセージが届いたのです。

いやあ、シンクロニシティ。そしてご縁。

天下の文才たる宮沢さんへの追悼も込めて、早速取り寄せ、宮沢さんの手にかかると

『資本論』がどうなるものかと読み進めていったのです。

するとこの『「資本論」も読む』も基本的に『わからなくなってきました』と同様のスタンスで書かれていたのです。要するに『資本論』をわかりやすく解説するのではなく、『資本論』やその周辺に張り巡らされているマルクスの言葉を読んで、著者は「どう感じたのか」について、独自のずらし文体で描くものだったのです。

宮沢さんご本人がいみじくも書いている「専門家ではないから、『資本論』の解説はしない。つまり『資本論』を理解するのではなく、味わうことに主眼を置いてみた」というスタンスは、まさに本書と同じもので、実に激しくシンパシーを覚えたのでした。

そして、宮沢さんの本も、本書も、解説は的場昭弘先生であります。

いや、さらにご縁が広がるのです。

その道のオーソリティの力を借りて、落語家が大手を振って『資本論』を誤読・超訳しているのが、この本なのです！

いま私は、ヤフーの公式コメンテーターを仰せつかっています。

ここで劇団ひとりさんについて書いた際に、「コメントありがとうございます」という直筆メッセージとともに、ひとりさんの書いた小説『浅草ルンタッタ』（幻冬舎）が送られてきたのですが、こちらの編集担当の竹村博子さんこそなんと『「資本論」も読む』

の担当だったという奇遇が重なってきたのです！

まさに「わからなくなってきました」としか言いようのないつながりであります。

「同じような考え方をしている人とは、いつかは巡り合う」

これが、人間社会の一番の面白さなのかもしれません。

談志が落語の定義を施し、落語界を席巻しているところに自分は巻き込まれたとばかり思っていましたが、談志の死後数年経ってから、ある時、志の輔師匠が「お前が師匠の弟子になったんじゃないよ。師匠がお前を呼んだんだよ」という言葉を授けてくださいました。

いやあ、これまでの師匠と私との関係性をすべて包括するような素晴らしい言葉でした。

そして、本書も、マルクスと談志があの世から二人して、「『資本論』と落語の面白い絡みを見せてくれよ！」と私をそそのかしているとしか思えないのです。

ところで、そんなマルクス本人に近い落語の中の登場人物って一体誰かなあと考えていましたら、一番ピッタリなキャラクターにぶち当たりました。

それが、「死神」なのです。

あらすじ

貧乏の果てに女房にも愛想を尽かされた男が自殺しようとしていると、目つきの鋭い痩せこけた老人に声を掛けられます。これが「死神」です（写真で見るマルクスはふくよかに見えますが）。
「人間は寿命で死ぬのだ。お前にはまだ寿命がある」と死神は言い、「これから帰宅して医者の看板を出せ。すぐに病人を見てくれと依頼が来る。医者になればカネは儲かる」とそそのかします。「たとえ瀕死の病人であっても、死神が病人の寝床の足元に座っていればまだ寿命ではなく、逆に枕元に死神が座っている場合は、死んでしまうんだ。お前には死神が見えるようにしてやる」とのこと。そして、「足元にいる場合は、呪文を唱えれば死神は消えるという死神業界の申し送りがある」と言い、そこで死神はその男に呪文を教えて去って行きます（この呪文は落語家によってオリジナリティを出せる部分でもあります）。

半信半疑で帰宅した男が、試しに医者の看板を掲げると、すぐに麹町の大店の番頭がやってきて、長患いの主人を診て欲しいと言います。すでにあらゆる名医に匙を投げられたとのことです。そんな主人を診察するために男が店を訪れ、主人の部屋に入ると、足元には死神が座っているのが見えます。男は呪文を唱え、死神を追い払い、病気を治してしまいます。男は「あなたは名医だ」と讃えられ、大金を貰います。

この噂が噂を呼び、男の診察を請う者は引きも切らず、しかもほとんどの患者の「足元に死神が座っている」という幸運が続き、男は莫大な財産をあっという間に手にします。

衣食住で贅沢し尽くすと、行きつく先はやはり愛人です。医者の仕事もやめてしまって何人もの愛人を囲うようになり、女房や子供と離縁までして、やりたい放題ですが、旅先でひどい女に引っ掛かり、全財産を盗まれてしまうことになります。江戸に戻って、再び医者の看板を掲げるのですが、それからの患者は打って変わって、枕元に死神が座っている者ばかり、病人はみんな死んでしまいます。そうなると名医どころではなく、男はどんどん没落していきます。

そんな折、日本橋の大店から声が掛かります。男が病床の主人を見ると、やはり枕元には死神が座っています。

しかし、「なんとか一〇日だけでも命をもたせてくれ。そうしたら一〇〇〇両を支

カール・マルクス（1818−1883）

払う」という家族の言葉に目がくらみ、一計を案じます。その患者に夜通し見張りを付けて、当の死神が夜明けにウトウトするのを待って、その間に主人の布団をクルリと反転させ、頭と足の位置を逆にし、その刹那に呪文を唱えて死神を追い払うのです。

　これにまんまと成功した男は、久しぶりに大酒を飲み、いい気持ちになって歩いていると、あの最初の死神に再び声を掛けられます。

「バカなことをやったな。まあいいや、俺の後からついてこい」と、死神は男を洞穴の中へといざないます。そこにはおびただしい数の蝋燭（ろうそく）が立っています。死神は「ここにある蝋燭は江戸中の人間たちの寿命を示している」「燃えているのは生きている人間で、消えているのは死んだ人間」「お前はあんな馬鹿なことをしてしまったので、先ほどの大店の主人と自分の寿命を入れ替え（交換し）てしまった」と、いまにも消えそうな蝋燭を指差します。慌てふためく男を残して、死神は去って行きますが、男はふと燃えさしの蝋燭を見つけて、それを拾います。「これに火が灯れば俺は助かる」。ガタガタ震えながら火を点けようとするのですが、焦っているせいで手が震えて、うまくいきません。

　そして――「消えた」と言い残し、ばったり倒れてオチになります。

シリアスなエンディングですが、途中にはギャグも入れやすく、若手からベテランまでが手掛ける噺の代表格です。

談志は、死神自身が男の蝋燭を吹き消すというオチにしていますし、一門の志らく兄さんは「今日は俺の誕生日だった」と悟った男が、自ら蝋燭を吹き消す形で終わります。

私の場合は、通常のオチをとって暗転したところから、また再び話が始まります。

死神が男を起こします。

死神「起きろ、起きろよ」

男「(ハッと起きて目を覚ます)んん? ここは?」

死神「気が付いたか? お前も今日から俺たち死神の仲間入りだ」

男「え? 俺が死神になっちまったのか?」

死神「ああ、ようこそ。一息入れたらな、金儲けのやり方を広めに行って来い」

つまり、カネに困っているヤツに「医者になれ」と言って、インチキな呪文を教えに行かせる→カネの亡者を増やす→死神の拡大再生産という流れなのです。

あれは真打ち昇進後でしたか、故郷の上田に談志を招いた時でした。トリは師匠に務めてもらう予定でいましたが、体調不良もあり、「お前が代わりにやれ」と言われ、このオリジナルのオチで「死神」を演じたところ、終演直後、高座に来て褒めてくれたものでした。

いまそんな懐かしき思い出を振り返りながら、このくだりを書いていますが、ここでの「死神」の不気味さこそ、資本主義の本質を暴き出したマルクスの不気味さ、恐ろしさ、それに気付いた資本家の恐怖に通じるものでしょう。マルクスが資本家や為政者に蛇蝎（だかつ）のごとく嫌われたのもむべなるかな、です。

「カネ、カネ、カネと、カネばかり追求していたら、どうなるかわかっているのか？お前の命が、いや人間自体がヤバイことになるんだぞ」

これはマルクスが晩年とみに訴えていたという、環境破壊の問題にもつながっていくのではないでしょうか。「環境」とはある意味、「人類全体の寿命」をも意味しています。「環境」こそ人類の住処なのですから。

「住んでいる地球をぶっ壊してまで金儲けしていいのか。動物は偉いぞ。戦争もしねえし、利益を追い求めすぎてアマゾンの森林を破壊したりもしねえ」と談志はよく言っていました。

あの**「死神」は、やはりマルクスに違いありません。**

第5章 環境（いのち）

未来の危機を予見する――「あたま山」

「こうして大土地所有は、社会的な物質代謝と自然的な、土地の自然諸法則に規定された物質代謝の連関のなかに修復不可能な亀裂を生じさせる諸条件を生み出すのであり、その結果、地力が浪費され、この浪費は商業を通じて自国の国境を越えて遠くまで広められる（リービッヒ）」マルクス（MEGAⅡ）

「資本主義的生産様式は、（中略）人間と大地とのあいだの物質代謝を、すなわち、人間により食料および衣料の形態で消費された土地成分の土地への回帰を、したがって持続的な土地肥沃度の永久的自然条件を攪乱する。こうしてこの資本主義的生産様式は、都市労働者の肉体的健康と農村労働者の精神生活とを、同時に破壊する」マルクス（MEGAⅡ）

斎藤幸平「『資本論』のエコロジーから考えるマルクスとエンゲルスの知的関係」（論文）

いよいよ、最終章までたどり着きました。

ここまで書き続けてきて、いかに『資本論』が、そして「落語」が、「未来志向」であったかがおわかりいただけたのではないでしょうか。未来志向というのは、時空を超えても当てはまる「雛形思考」でもあります。そんな「雛形思考」があれば、目の前の困難に見える状況にも光の筋が見えてくるような気にさえなります。

同時にマルクスが、そして落語が見据えていたものは、やはり「人間の愚かしさ」だったのかもしれません。監修の的場昭弘先生と二〇二二年の夏に飲んだ時に、**「マルクスはジャーナリストだ」**とのご指摘があり、それがさらにそこにつながります。思想家とか、革命家とか、経済学者とかである前に、マルクスはまずはジャーナリスト、すなわち人間の愚かしさを見続けてきた人だったのでしょう。

『資本論』も落語も、未来を見据えた「予言」の言葉であるならば、逆に視点を変えてみると、完全に資本主義に毒されないための「予防的見地」に立とうという試みこそが、本書の意義なのかもしれません。

書き進めて行くうちにそんな気持ちになっています。

注釈・的場スコープ「〝予言〟の書」

マルクスは「予言」ではなく、「預言」という言葉なら納得したかもしれません。あることを根拠なく予言するのではなく、根拠を持った理論を預かった上で、未来を予測する。その意味で預言といえます。マルクスがジャーナリストであったのは、まさに現実の社会をしっかりと理解し、それを分析して、理論を構築していったからです。机上の議論ではなく、現実の議論になったのは、新聞の社説を書いていたからかもしれません。

そんな未来の損失に対する「予防」「警鐘」としての落語には、何があるかと考えていたら、短い落語の代表格「あたま山」が浮かび上がって来ました。

あらすじ

とてもケチな男が、さくらんぼを種ごと「もったいない」と、食べてしまうところから始まります。このさくらんぼの種が、なんと男の頭から芽を出して大きな桜の木になっていきます。

近所の人たちは、大喜びで男の頭に登って、「あたま山」と名づけ、花見をして大騒ぎします（このあたりの、遠近感を一切無視した素っ頓狂さこそ落語の神髄です）。

男は、頭の上が花見客のせいで、うるさくて仕方ありません。悩んだ挙句、頭に生えた桜木を引き抜いてしまいます。すると頭に大穴が開いてしまい、今度はその穴に雨水がたまって大きな池になります。「さあ、池だ」とまたまた近所の人たちが船を出し、魚釣りをやり始めます。釣り針をまぶたや鼻の穴に引っ掛けられた男は、怒り心頭に発し、ヤケッパチになって、自分で自分の頭の穴に身を投げて死んでしまうのでした……。

非常にバカバカしい、素っ頓狂な短い噺ではありますが、これは本書で言うところの予防的見地からしてみると、環境破壊の末路を予言している恐怖噺なのではないかと、私は少し飛躍させせながら考えています。

まず「さくらんぼの種を飲み込んだら、頭のてっぺんから芽が出て来た」というのは、さくらんぼの生命力の強さを描いているのではないでしょうか。

もしかしたら、これは品種改良でパワーアップされた新種のさくらんぼの種なのかもしれません。バイオテクノロジーの進化は、きっと未来のさくらんぼの種にそのような可能性を与えるのかもしれません。元来、熱帯の植物であった米なんかも、いまでは品種改良が著しく進み、北海道のような寒い地方でも美味しいお米が穫れるようになりましたもの。

品種改良を最大限進化させせたさくらんぼは、人間の体内、しかも固いはずの頭蓋骨を突き破るほどの発芽力を伴ったのです！

その結果、芽から木へと成長し、花が満開となったのですが、ここがまた面白いところで、未来の日本人たちも、やはり未来永劫、桜を愛する国民なのでしょう。

コロナ禍が三年ほど続き、大集団での花見は控えざるをえなくなりましたが、それでも雪解けとともにやがてやって来る開花宣言には心を躍らせ、さらに満開ともなるとどこか晴れ晴れする気持ちになります。散り始めると、今度は「散る桜　残る桜も　散る桜」（良寛）などと、無常観を悟るようになるものです。やはり四季折々、日本人特有の感受性は、移ろいゆく大自然の中でおのずから育まれたものなのでしょう。

かように愛すべき桜なのですが、やはり花見の騒々しさは、近隣住民にとっては迷惑以外の何物でもありません。まして「自分の頭の上」なのですから、それは、それは、大変です。

きっとこの主人公は、深刻な不眠に悩まされたでしょう。

ところで、寝具の西川のホームページによりますと、日本人の平均睡眠時間は七・三時間（二〇二一年）だそうです。単純には比較できないものの、一九六〇年代より一時間ほども減少しているとのことです。二〇一四年の経済協力開発機構（ＯＥＣＤ）の二九か国を調査したデータでは、睡眠時間の長さの第一位は南アフリカ共和国の九・二二時間と、日本とは二時間もの開きがあります（ちなみに日本は二八位で、二九位が韓国）。

睡眠不足と鬱には密接な関係があると言います。一日に四時間半ほどしか眠らない睡眠不足が五日続くと、うつ病や統合失調症などの患者に似た脳機能の変化が見られ、不安や混乱、抑うつ傾向が強まることが、国立精神・神経医療研究センターの三島和夫部長や元村佑貴研究員らの実験で明らかになっています。

おそらく「あたま山」の主人公も、「花見の段階」でこのような症状が出ていたのでしょう。だからこそ、怒りにも似た感情が芽生えて、自分の頭の上の桜の木を引き抜くという自然破壊的行為におよんだのかもしれません。

そして、この怒りに任せた短気は損気の行為が、次の悲劇を呼ぶことになります。桜を引き抜いた後の穴に雨水が溜まり、そこに池ができてしまうのです。

かつての村落共同体が健全に機能していたころであれば、その池は誰もが無料で憩いの場として利用できる場、あるいは「入会地」のような存在となったでしょう。誰かがお金を取るようなことなく、誰もが楽しめて、結果として里山のような「自然状態」をキープできていたに違いありません。

ところが、未来には、そんな憩いの場をも大手総合レジャー産業は買い占めてしまうでしょう。ブラックバスを放って生態系破壊を先導しながら、「バス・フィッシングのメッカ」として売り込み、マスコミを巻き込んでレジャー客の動員を図るでしょうし、貸しボートに水上スキー、水圧で空中に舞い上がる水上スポーツのフライボード、池周辺でのカフェ営業などで潤うはずです。あるいは、「ネス湖のネッシー」ならぬ、「あたま山の池には未確認生物アッシーが?!」などとオカルト的な話題すらでっち上げ、大衆の興味をこれでもかと煽り立てるに違いないのです。「儲けよう」という心には際限などはありません。

自分の頭の上の池がそんな形で開発され続けたら、たまったものではありません。ただでさえ、頭の上の花見による睡眠不足が負債となって、主人公の心身に蓄積されています。世をはかなんで思いつめた主人公は、身も心も疲れ果て、自分の頭の上に現れた池にその身を投げるのは、もはや宿命にすら思えてきませんでしょうか？

「あたま山」の作者は、いまだ当時は姿を見せてはいなかった「資本主義」を予見し、ブレーキをかけないまま放置しておくと、環境破壊が進み、最後には自らの命を絶つことにもなりかねないよと、ひそやかに訴えていたのです。

いやあ、これまた牽強付会そのものかもしれませんが、元のストーリー（原典）を拡大解釈しても許される大らかさこそが、古典落語の魅力であります。まして「あたま山」の単純極まるストーリーだからこそ、こんな妄想的展開も可能なのでしょう。

「あたま山」はナンセンスSFに見えて、実は「環境破壊は人類を滅ぼす」というメッセージを内に秘めた、笑える予言的ホラー落語だったのです。

一つ目国では二つ目は異常——「一眼国」

松元ヒロさんと仲良くさせていただいています。

談志が「本物の芸人だ」と認めた数少ない芸人のうちのお一人です。時事ネタの漫談では時の政権を激しく批判しながらも、ヒロさんのスゴいのはその支持者からも笑いを取るというスタイルです。その姿勢はウーマンラッシュアワーの村本大輔さんや和牛の川西賢志郎さんからもリスペクトされています。

先日、故郷・上田の独演会にゲストとして出演いただき、帰りの新幹線の中で「実は『資本論』に落語でアプローチする本を書いているんですよ」と話しますと、「実は僕も、学生時代に読んでまったくわからなかったのです。でも井上ひさしさんとその話になったんですよ」と、とても盛り上がりました。

ヒロさん曰く、「私は陸上部で、学校や県を代表して戦ってきたので思いつかなかったのかもしれませんが、『資本論』をはじめマルクスの本を読んでいたら、『共産党宣言』には『世の中には資本家と労働者がいる。万国の労働者よ、団結せよ！』と書いてある。地域や国ではなく、そんなものの見方やスタンスがあるのか！　と目から鱗でした。そう言ったら、井上ひさしさんが、『君はもうマルクスを理解している。『資本論』の文章やその先に登場する数式なんかがわからなくても、君はもうすでにわかっているんだ。その先は読まなくてもいい！』と言ってくださったんですよ！」。

尊敬する芸人さんと語らうだけでも楽しいのに、『資本論』が話題になったものだから、私はとてもときめき、車内販売の「ヱビスビール」がどんどん空になりました（わ、これもヒロさんにおごってもらいました。ありがとうございます！）。

ヒロさんの話は続きます。「ドイツで貧しい人たちが山に落ちている枯れ木を集めて暖を取ったり、煮炊きをしていたのに、地主が『俺の山に落ちている枯れ木は俺のものだ。欲しかったら金を払え』と言う。これをおかしいと言ったのがマルクスだったと、何かの本か映画で知りました。曖昧な記憶ですが……」。

おお、これぞまさに「共同体」の概念！　共有地、入会地の問題です。

やはり一流の感受性を有する人はすぐさま本質を見抜くのでしょう。まったく談志と同じ感性であります。そんなヒロさんのセンスを即座にそれと認める井上ひさしさんも、やはりタダモノではない、としみじみ思ったものでした。

ヒロさんと談志に通底する感覚は、まさに「パンク」ではないかと考えています。

パンクロックの発端はニューヨークですが、その影響を受けたイギリスのセックスピストルズが一九七〇年代後半にブームの火付け役となります。

当時のイギリスでは、失業者の増加などの社会不安が増大していました。のちに「鉄の女」と呼ばれた首相のマーガレット・サッチャーが登場したのは、若者たちの不満が高まり、暴力、犯行などのマグマが渦まいていく時期でもありました。このような状況の下に、パンクがムーブメントとなったのです。

そして日本でも、一九八〇年代初頭にアナーキーが、先に挙げたセックスピストルズの日本語歌詞バージョンなどの作品を収めたデビューアルバム『アナーキー』を発表、一〇万枚以上のセールスを上げ、一世を風靡します（もちろんいまも活躍中で、私もライブの追っかけをするなど大好きなバンドです）。

折しも激化する受験戦争、校内暴力、掛け声だけの省エネ、好景気に浮かれる無責任なサラリーマンなどの世相を揶揄するアナーキーは、当時の怒れる若者の代弁者でもありました。やはり「環境」というストレス装置に対するカウンターとして、文化というものは醸成されていくのでしょう。

ここで、少しおさらいしてみます。

すでに本書で述べた**「資本主義によって労働者は成長もする」**というマルクスの論点は、そこにもつながるような気がします。というのも、イギリスの労働環境がパンクを生んだように、江戸時代という一見、泰平ではありながら、世界一の人口密集地であった江戸という町のストレスフルな環境と幕府による儒教の強制が生み出した軋轢といったものが落語を育んだのです。**「環境があらゆる文化を生み出す」**というのは古今東西で変わらぬ事実であり、その中で人々は苦労するわけですが、だからこそ文化や知恵も授かるのだと思います。

談志は旧態依然の落語協会という「環境」から離脱しようと、立川流を創設しました。松元ヒロさんも、現政権が我々にもたらす苦難と軋轢という「環境」を批判しようと、ライブでは過激な爆笑ネタを繰り出しています。

以上を踏まえ、落語「一眼国（いちがんこく）」をいくらか別の角度から考察してみたいと思います。

あらすじ

両国で見世物小屋を持っている香具師が、新たな儲け話の情報収集をしようと、諸国を巡っている六部（巡業僧）を家に上げてもてなし、その見返りに、六部が旅先で出会った面白い話を聞き出そうとします。六部は、一度だけ恐ろしい目にあったと語り出します。

それは、巡礼中、江戸から北へおよそ百里も行った大きな原っぱの大きな榎の木の下で、一つ目の女の子に出くわしたという話でした。

香具師は「しめしめ、これは儲け話だ」と早速旅支度を始め、江戸からはるか北へ、一つ目を探す旅に出ます。六部の言う通り、大きな原っぱの真ん中に一本の大きな榎がありました。そしてそこに一つ目の女の子を発見します。香具師は「いいものあげるから、おいで　おいで」と女の子を誘い出し、捕まえようとします。びっくりした女の子が叫ぶと、竹法螺、早鐘の音が鳴り出し、大勢の追っ手がかけつけてきます。香具師は女の子を放り出し、逃げ出しますが、とうとう、捕まってしまいます。

村の役人の前へ引き出され、ちらっと周りを見ると、そこにいるすべての者が一つ目。そこで役人が香具師に問い質します。

「これこれ、そのほうの生国はいずこだ、生まれはどこだ、なに？　江戸か。子どもをかどわかした罪は重いぞ、面を上げい、面を上げい！」

香具師が観念して顔を上げますと、役人は「御同役、御同役、ごらんなさい。こいつは不思議だね、目が二つある。調べは後回しだ、早速、見世物へ出せ」。


自分の価値観は、自分の周囲のみで成り立つもの。「向こう側」から見ればおかしく見えてしまうものです。そういう「他人の視点の大切さ」を端的に訴えた名作です。「落語コミュニケーション論」といった講演で、私もよく取り上げるテーマですが、前項の「あたま山」で述べた「落語は予言ではないか」という視点からは、また面白いものが浮かび上がってくるような気がします。

つまり、この噺の舞台を落語世界から近未来に移し、そこではさまざまな要因によって遺伝子設計上の重大なバグが発生したという設定にしてみるのです。すると、そこには「一眼国的エリア」が出現しているのです。

さらにこうしたエリアが拡大し、一つ目が当たり前になってしまったとしたら、本来正常とされている「二つ目」の人間は彼らからしてみれば異常者として扱われてしまう……。一つ目の国では、二つ目は〝異常〟なのです。

どうでしょう？　「落語は予言」という観点から、時空を未来に据え直すと、一気にホラーになってしまうのです。

無論、これは決して恐怖心をあおろうとしているのではありません。単純明快に作られている古典落語は、「あたま山」同様、いろんな解釈の可能性があるということです。

一眼国の未来の物語はいかがだったでしょうか？　あらかじめ、お断り申し上げますが、決して障碍をお持ちの方を揶揄しているわけではありません。あくまでもフィクションである「一眼国」を起点としたたとえ話ですので、ご了承願います。

安易な「循環」を拒否する――「花見酒」

ここしばらくの間に一気に認知された感のある言葉に、**「SDGs」**があります。これは「持続可能な開発目標」の略称であって、二〇一五年に国連総会で採択されて以来、人口に膾炙（かいしゃ）する言葉となりました。「貧困をなくそう」「飢餓をゼロに」「海の豊かさを守ろう」などの一七の目標から構成されている行動指針です。平たく言えば「生態系の循環を尊重し、自然に負荷をかけない、環境に優しい社会」の実現を目指す、全世界で共有すべき数値目標といったところでしょうか。

無論、異を唱えるべき要素はまったくありません。素晴らしいことだなあと思うのですが、落語家を生業とし、落語界で一番面倒くさい立川談志を師として選び、その師の**「環境保護のためには人類が滅亡するしかない」**という極論を噛みしめてきた者からすると、なんだかこの「ＳＤＧｓ」、クーラーの効いた会議室で代理店が考え出したキャッチフレーズみたいな匂いがするような気がしてならないのです。

実際、ＳＤＧｓキャンペーンが始まったばかりのころでしょうか、山手線に乗った時のことです。社内テレビの動画コマーシャルで、イメージキャラクターとして選ばれた「機関車トーマス」が、煙をもくもく吐き出しながら颯爽と走るのを見た時には、思わず笑ってしまったものでした。

「循環」していれば「環境」はキープできるのでしょうか？

果たして、盲目的な循環は善なのでしょうか。

注釈・的場スコープ「ＳＤＧｓ」

一七項目のＳＤＧｓは、国連で妥協のうえにできたものです。そこで成長か脱成長かが問題になりましたが、「脱成長」など資本主義にはありえません。結局、「再生可能」というわけのわからない成長に落ち着きましたが、資本主義に再生可能などあり得ようはずはありません。

そんなことを考えていると、思い出したのが「花見酒」という落語です。

あらすじ

二人の男（留公とその兄貴分）が、向島で花見客に「酒を湯呑みで一杯五銭で売ってひと儲けしよう」と算段します。二人して留公の行きつけの酒屋から、三升の酒、酒樽、天秤棒、ひしゃく、湯呑み、つり銭用の五銭玉を一枚都合し、向島に向かいます。運んでゆく途中、留公が酒の匂いにつられて一杯飲みたくなります。兄貴分が「飲んでもいいけど、カネを払えよ」と言うので、留公は用意したつり銭の五銭玉を兄貴分に渡して一杯飲みます。しばらく担いでゆくと今度は兄貴分が飲みたくなり、留公から渡された五銭玉を今度は留公に渡し、一杯飲みます。そしてまたしばらく担いでゆくと、今度は留公がまた飲みたくなり、五銭玉を兄貴に渡して一杯飲みます。そして今度は兄貴分が、やはり同じように相手から受け取った五銭玉で一杯飲む……。

それを繰り返して、向島に着いたころには、とうとう酒樽の酒がなくなってしまい、すっかり酔っ払ってしまった二人の売上は、最初の所持金であるつり銭用の五銭玉だけ。その所持金が二人の間を行ったり来たりしていただけだったと気づき、「してみりゃ、無駄がねえ」というオチになります。

非常によくできた落語であります。私も花見の時期にたまにやります。

かつて笠信太郎（りゅうしんたろう）氏が、一九六〇年代前半の日本経済を分析した『〝花見酒〟の経済』（朝日新聞社・一九六二年）という本を出版しました。

狭い身内の中だけで売買を繰り返すことで、見かけ上は売上が伸びたように見えるが、実質はなにも変わらず、場合によっては借金だけが残るような取引が行なわれている「実の伴わない経済」のたとえとして、落語「花見酒」を取り上げています。

つまり、土地の値段が上昇し始めると、その土地を担保にして銀行が融資をする。融資をもとに土地を買えばさらに地価が上がり、銀行はさらに融資をするから、また土地が買える……というかつてのバブルの発生をこの落語になぞらえているのです。

笠氏曰く、「お金が行ったり来たりをするうちに地価がどんどん上昇していくのは、花見酒のように、見せかけの幻ではないか」とのことでした。

落語の二人も、二人だけでやり取りするのではなく、酒をきちんと花見客に決められた金額で売っていれば、利益が出ていたはずで、原価は手元に残ったはずなのです。さらに、その利益を元手にして、また酒を仕入れて商売をすれば、もっと大きな利益だって手にできたはずなのです。

これが「経済循環」であって、その過程に「剰余価値」を見出したのがマルクスです。この循環を飛躍的に増殖させていく運動こそが資本主義であり、それを完全に手中に収めることのできるのが「資本家」の立場です。こうした経緯こそ、本書を通じてここまで書いてきたことであります。

笠氏の着眼点はとても明快で、この「花見酒」のわかりやすさとともに受け入れられました。

ところがここで、私は落語家として、「花見酒」からまったく別の見方を示したいと思います。

すなわち、「循環」とは、システマチックに稼働する資本主義の歪(いびつ)さそのものではないか。「循環」は、その当事者にとっては疑問を抱き得ないほど快適であり、だからこそ一旦稼働してしまうと後戻りできなくなる危険性を伴うのではないかと思うのです。

そして、いくぶん飛躍するきらいはありますが、昨今話題になっている「ＳＤＧｓ」にはその危険性があるのではないかと密かに心配しているのです。

うがった見方かもしれませんが、なんの疑問も持たずに循環のサイクルの中に身を置いていると、時間だけが過ぎて行くというのが花見酒的「人間の愚かさ」だとしたら、「ＳＤＧｓ」を吟味なしに声高に訴える人たちにも、その匂いが感じられないでしょうか？

注釈・的場スコープ「花見酒の経済」

「花見酒」について言うと、マルクスは擬制資本信用という言葉で、信用創造を語っています。空信用(フィクティブ)ということです。内輪で褒め合っているだけなら、うぬぼれていられるように、実際には実体のないものを、あるかのように膨らませていく。これが信用創造です。クレジットカードを使って買いまくれば、身の回りはモノやサービスでいっぱいになりますが、やがてそのツケが回ってきて、これは空だったのだということに気づきます。もちろん、嘘から出た真もあるので、信用が実体を生むことはあります。株式会社の株は、実体がなくとも、それを欲しい人が出てくればいくらでも価格は上がります。しかし、イカロスの翼のように、太陽に近づいてあるところまで行けば翼は溶けてしまい、一気に下降線をたどります。擬制は溶け落ちてしまうのです。

アメリカ映画に『あなただけ今晩は』(ビリー・ワイルダー監督・一九六三年)という作品があります。これは売春婦の妻に客を取らせないために、自ら客になりすまし、毎日一夜を過ごす男の話です。代金は大金で、妻は他の客を取る必要がないほどです。そのお金は架空の男(客を騙る夫)から妻の売春婦、そして夫へと渡ります。これがぐるぐる回っていくのですが、生活費が必要ですので、当然減っていきます。男はそのお金を稼ぐために朝から晩まで働かねばならない。結局、稼ぐには労働しかないということです。

どうすればいいのかなあ。人間の経済活動と環境保護はやはりトレードオフなのか……。

そんな風に悩んでいた時に、NHKで放送された「クローズアップ現代　それ本当にエコですか？　徹底検証！　暮らしの中の環境効果」（二〇二一年一〇月二四日放送）は刮目すべきものでした。

この番組では、先の疑問に対する答えというか、答えの可能性を示唆していたのです。「エコなバッグにサスティナブルなTシャツは、本当に環境にとって優しいのでしょうか」という切り口で、欧米で見られる「見せかけのエコ」に対して、環境を意味するグリーンと、ごまかしを意味するホワイトウォッシュを掛け合わせた「グリーンウォッシュ」という言葉を紹介し、そういう製品やサービスに対して国が罰する例もあることなどを取り上げていました。

番組では環境への負担を考えて天然由来の「パーム油」をベースにした食器用洗剤を作るメーカーを取材していました。長年にわたって販売してきたパーム油は、その原料となるアブラヤシの農園開発の影響で熱帯雨林が減少し、ゾウたちの住処も奪われていると二〇〇四年にテレビで放送されて以降、この会社にその責任を問う声が相次いだとのことでした。事態を重く見た同社は、まず現地に調査員を派遣し、情報を徹底的に収集します。そして、会社を挙げてボルネオ島の保全活動をすることを宣言し、現地の産業を改善しながら森の保全に取り組むことを決定します。

具体策としては、現地の団体と協力し、「緑の回廊プロジェクト」なるコミュニティを作り、商品の売上の一％を使ってプランテーションの一部を買い取り、ゾウたちが通れる道を確保するなど、森を再生するための地道な努力をしている様子が映し出されていました。

「儲けか、環境保護か」とやり玉に上げられたら、下手すれば炎上どころか会社存続に関わりますが、同社の社長は勇気を持ってこの番組に出演し、「グリーンウォッシュという批判もあり、無視することはできないが、一方でそれを一〇〇％聞くことにも行動を誤る危険性がある。やはり大切なのは客観性」と紳士的に応対していた点に非常に好感が持てたものでした。

この社長の毅然とした対応は、一言で言うならば安易な「循環」の拒否ではないでしょうか。ただ稼げばいいという「経済循環」に盲目的に邁進することも、グリーンウォッシュ批判に考えもなしに追従することも、いずれも拒否し、「客観性」を見極めて対応しようとしている点が、とてもまぶしく思えてきたのです。

「花見酒」という落語であぶり出された「人間の愚かしさ」の認識のうえに立ったようなNHKの「クローズアップ現代」でしたが、ここでも落語の精神が生きているのかもと思ったひとときでありました。

対話が古い循環を変える——「疝気の虫」

安直な循環にやすやすと追従する姿勢を、談志は「思考ストップ」と呼んで拒否していました。「安直な循環」というより、深い考えも吟味もなしに流れに身を任せるスタイルのことでしょうか。

「ああ、あいつはダメだよ、寅年生まれだから乱暴だ」とか、「あの人の筆記用具、筆箱にエンピツが長い順に入っていたよ。几帳面なのはA型だからだろうねえ」といった会話は、普通の人とでしたら、その先の会話をより進展させるキッカケとして素直に受け止められるものですが、こと談志に関しては完全にNGでした。

一度、二つ目のころでしょうか、川越での談志独演会の打ち上げで、談志も酔いが回っていたのか、「お前、いつ真打ちになるんだ」と、ズバリ単刀直入に聞かれた際、私が不用意に「努力します」というフレーズを用いた時でした。

「いや、待て。違う。努力なんて、バカに与えられた希望なんだ」と談志のおなじみの言葉で指摘を受けたものです。言外には「お前は俺の弟子として一〇年以上もここにいるのなら、そんな努力なんてまやかしの言葉を、俺との対話で安直に用いようとするな」という意味が込められていたのです。

考えてみたら、普段の何気ない会話は「簡易な循環」そのものです。「いい天気ですね」

と言ったら「いい天気ですね」と返すような、いわゆるテンプレ的スタイルでお互いに相手の出方を見て、受け入れ合う感じで進んでいくものです。つまり、意味のない会話こそ日常生活を円滑にするためのコミュニケーションツールなのであります。

しかし、談志にとっての会話・対話は、これとはまったく違っているように感じました。おそらく談志は「対話の目的とは、知性の交流だ」という具合に捉えていたのでしょう。

その姿勢は、対世間のみならず、対子供にまで求めていたような節があります。

長男坊が生まれて三か月ぐらいの時でしょうか。

埼玉県の所沢で談志独演会があり、カミさんを連れて長男坊を抱っこして挨拶に出かけました。弟子が「おかげさまで家族仲良く、つつがなく暮らしています」という姿を見るのを、こよなく愛する人でした。

天真爛漫な長男坊を見て、目を細めながらも「子供はなあ、しゃべり始めがかわいいんだ」と言いました。

「ああ、やはり、言葉の世界の達人の言葉だなあ」と改めて悟った瞬間でもありました。

よくよく考えてみたら、子供をかわいいと思う気持ちは、親の上から目線そのものであります。ベクトルは一方向で、子供側の視線はそこにはありません。そもそも会話・対話というものは、たとえ相手が舌足らずな子供であったにしろ、本来、双方向的な言語・知性の交流であります。

天才落語家は、知性の交流である「対話」の可能性を信じ抜いた人でもありました。そんな「対話」の可能性、未来性、予言性を高らかに訴えた落語に「疝気の虫」があります。

あらすじ

医者が何やら不格好な虫を見つけるところから始まります。その虫をつぶそうとすると、虫が口をきき、そこから会話が始まります。その虫が言うには、「自分は疝気の虫で、人の腹の中で暴れ、筋を引っ張って苦しめるのを生業にしている」とのことです。この医者は疝気（主に発作的な下腹痛を言う）の専門医であり、虫との会話を続けると、虫がもろもろ白状し始めます。

「蕎麦が大好物であること」「逆に、唐辛子が苦手で、触れると体が腐って死んでしまうこと」「唐辛子が人間の身体の中に入って来ると一時しのぎで、陰嚢（ここでは「別荘」と呼ぶ）に逃げる」などと語っているのを聞いていると思っていたら、そこで医者は目を覚まします。この会話は夢だったのです。

その時にちょうど、疝気に苦しんでいる人から往診の依頼が入ります。医者は夢でみた疝気の虫との会話を思い出して治療をします。医者は、患者のお内儀さんに、患者の鼻先で蕎麦を食べるように言います。疝気の虫は、主人の鼻先から漂う蕎麦の匂いにつられて胃から食道へと上がっていったものの、蕎麦を食べているのはお内儀だと知って、主人の口から飛び出し、お内儀の体内に飛び込みます。疝気の虫に侵入されたお内儀は、苦痛に悶絶し始めます。そんなお内儀に医者は、今度は唐辛子を水に溶いたものを飲ませます。無心に蕎麦を食べていた虫は、口から入ってきた唐辛子水に驚いて、一目散に食道から胃へとお内儀の身体の中を下っていきますが、避難場所（陰嚢）が見当たりません――。

ここで落語家は立ち上がり、「別荘はどこだ？」と、周囲をキョロキョロしながら去っていきます。

このオチは、いわゆる「見立てオチ」と言い、落語家は「疝気の虫」になり切って、そのまんま高座から下りて舞台袖にハケていきます。

談志の十八番でもあり、よく演じていたばかりでなく、この落語を通じて「医学の可能性は病気との対話から始まるのではないか」とも言っていました。

「ガンにも言い分があるはずだ。増殖しつづけて寄生主の身体までむしばんでしまえば、ガンそのものの居場所がなくなってしまう。一方的に敵だと断定するのではなく、向こうの言い分にも耳を傾けるべきだ」とも言っていたのです。

確かに、「ガンの言い分」というか、向こうの性質などもだんだんわかってきたことが、医学の飛躍的進歩につながってきているようで、いまや医学界をはじめ、各種団体が「人生一〇〇年」とまでこぞって言い始めています。ガンの研究もそういう意味では、「ガンとの対話」と言えるでしょう。

ガンを一方的に敵視して、攻撃するだけでは、「対話」にはほど遠い状態です。逆に、地道な研究や調査などによって、向こう側の〝声〟に謙虚に耳を傾け、知見を積み上げていく姿勢は、まさに「対話」そのものであります。

「子供はしゃべり始めがかわいい」と言う談志も、覚えたての数少ない言葉をたどたどしくも使いながら必死にオトナたちとコミットしようとする子供に、対話の可能性を見出していたのかもしれません。「ガキが悪くなるのはオトナのせいだ」とも談志は言っていましたが、いま思うと、次世代を担う子供を守ろうとする気概の現われだったのかもしれません。それは談志の子供のころの原体験が、そうさせていたのではと思います。

「天皇陛下万歳と浮かれて、この戦争は正しいと抜かしやがったオトナたちは、いざ戦争が終わると掌（てのひら）を返して、あの戦争は間違っていたとか、民主主義だとか抜かしやがった。学校の先生なんかその典型で、俺が『落語全集』を読んでいたら取り上げようとしやがった。未来の立川談志になろうというこの俺に、そんなことをしやがった。オトナは誰も信じられない中で、唯一信じられたのは落語だった」などとよくマクラで言っていたものでした。

従来のシステムに依存し、それを妄信しているとしか思えないお決まりの「循環」を唾棄し、徹底的に抗戦の構えを談志は見せ続けたのです。その象徴が、旧態依然の落語協会という「古い循環」を飛び出して、立川流という「新たな循環」を作り出したことでしょう。

初期資本主義時代のイギリスでは、大人の労働者ばかりでなく、年端もいかない幼い子供の「労働力」をも搾取し続けました。その結果、資本家だけが私腹を肥やし、デモやストライキが頻発しましたが、長年にわたり、さまざまな改善の努力がなされた結果、社会は少しずつ前へ進んできました。無論完全とはほど遠いとはいえ、いまや当時と比べると考えられないほど労働者の地位や身分は保障されるようになったことも事実であって、そこには先人たちの闘いとともに数多くの対話が重ねられてきたはずです。

注釈・的場スコープ「労働者の地位・身分」

労働者の地位や身分が保障されるというのは、あくまで法の立場であり、現実の労働の現場では悲惨な状態が繰り広げられています。工場法でも同じでした。児童労働や夜間労働が禁止されたのですが、あの手この手でこれを破っていきました。『資本論』で引用されている工場監督官は、まさにそれを見破るために調査をした人々なのですが、いかに守られなかったかが報告されています。現在でもそれは同じで、先進国労働者の高賃金のプレミアムが消え、国内の労働者の賃金が低くなっている昨今においては、後進国ではなく、先進国で労働条件が悪くなっています。

広い目で見つめると労働争議も「対話」だったのでしょう。

資本主義の歴史は先人たちのかような命がけの「対話」によって、各種の法的権利が約束されて来たのです。

だからこそ、我々はその成果をただ享受するだけでは、やはり不十分なのではと思います。それらを感謝して受け継ぐのみならず、やはりまだまだ「ただ漫然と循環している」だけの部分にもっと目を見張り、さらなるチェックを加えていくべきなのでしょう。

そのためにこそ「対話」はあるのです。**循環を、環境をさらに改良してゆくためには「対話」が不可欠**なのです。

環境に包摂されない生き方――「居残り佐平次」

『落語で資本論』もいよいよ最終項となりました。

『資本論』に挫折した学生時代を懐かしく振り返りながら、ラストを迎えたいと思いますが、要するに、「マルクスが遺した言葉から触発されよう」そして「触発されたものを古典落語と掛け合わせて自分なりの考えを深めよう」という姿勢でここまで書き進めてきました。

マルクスの言葉は難解そのものです。なぜ難解なのかというと、それが**支配階級と対峙するための武器**だったからではないでしょうか。

搾取しようとしてくるのは、権力や金を持つ人間ばかりではありません。組織や団体はもちろん、コミュニティだったり、あるいはその場の空気感だったり、何気ない言葉だったりと、巧妙に手を変え、品を変え、気づかないうちに「向こう側」の環境や循環の構造に組み込まれてしまいかねません。

まず、そうしたことに気づき、それらと闘うためには、自ら考えるための武器としてマルクスの言葉を知り、使いこなせるように、普段から嗜んでおく必要があるのではないかと私は考えています。

そんなマルクスの遺してくれた言葉の中で、最終項として取り上げたいのが**「包摂（ほうせつ）」**という言葉です。

「包摂」とは、マルクスの論文「直接的生産過程の諸結果」において、「労働の形式的・実質的包摂」として用いられたとウィキペディアに記されています。

包摂とは、イメージ的にざっくり言うと「知らずしらずのうちに環境に取り込まれてしまう」ということではないかと想像します。

「いつの間にか、組織の論理に囚われていた」

「気がつくと、向こう側の言いなりになっていた」

「ついつい無関心だったせいで、すっかり向こうの色に染まってしまっていた」

というような状態を指すのではないでしょうか？　とても守備範囲の広い、ユーティリティプレイヤーのような言葉ではないかと思います。

この言葉の意味を吟味して、日々の会話や文章の中でも積極的に用いることで、さらにはそれを積み重ねることで、資本主義に完全に包摂されるような事態が回避できるのではないか、と私は思うのです。

ところで「包摂」というと、私は「禁演落語」が設定された時代の空気感を想像して、あれこれ考えてみます。

「禁演落語」は、一九四一（昭和一六）年、警視庁保安部が落語の中には内容が卑俗・低級であるものがあるとし、同年九月二〇日、遊郭や遊女を扱う五三演目を上演禁止（禁演落語）とする通達を発したことに始まりました。そしてこれらの演目は、同年一〇月三〇日浅草の長瀧山本法寺にて法要が執り行なわれ、「はなし塚」に葬られて自粛対象となったとされています。

つまり、時の為政者ではなく、その実行部隊に過ぎない警察組織が「戦争という国の一大事が近づく中、けしからん！」と言っていることに対して、演じる側の落語家がその意に沿うように自粛したということなのです。決して権力者が強制的に「実演不可」と言い出したのではなく、実際は「面倒くさくなりそうだから、問題が起きる前にひとまずやめておこうか」という落語家たちの機敏さ（広義の忖度）が、禁演の本当のところだったようです。

ここで私は、自粛した落語家側を責めたいのではありません。

そうではなく、**戦争を肯定する思想や雰囲気は、落語のような庶民のささやかな文化や娯楽にすらプレッシャーを与えるのが当然だという空気を生み出す**ことに思いを馳せるべきではないかということです。

つまり、あの時代は日本全体が軍国主義に「包摂」されてしまっていたのです。

そんな禁演落語の一つに、「幕末の最高傑作」と言われている「居残り佐平次」があります。

ちなみに「居残り」とは、遊郭において代金を支払えなかった場合、肉体労働でその代金を返す行為を言います。行灯部屋や布団部屋といった納戸に軟禁され、粗雑な扱いを受けたとされています。

あらすじ

貧乏な四人をそそのかし、佐平次という正体不明の男が品川宿の遊郭に遊びに行こうと持ちかけます。佐平次が「一人一円で大丈夫」と言ったので、他の四人は佐平次を信じてうまい酒と刺身を食らい、芸者、幇間を呼んで、大騒ぎして朝を迎えます。佐平次はあらかじめ四人には「朝が来る前に帰るように」と指示していたので、翌朝、佐平次一人が勘定を取りに来た若い衆と対峙します。佐平次は先に帰った四人は「仕手筋だ」などと、大金持ちであることをほのめかして調子よく誤魔化し、またまた飲んで騒いでもう一泊します。そのまた翌日も同様に振る舞いますが、激怒した若い衆にきつく問い詰められると、一転ドスを効かせてまた一泊します。

そして若者頭がやってくると、とうとう開き直って「カネはない」「先の四人は仲間といっても、名前も知らない」と告げて、無銭飲食を自ら暴露したうえ、布団部屋に籠城、まったく動じることもなく「居残り」を決め込みます。

とはいえ佐平次は、朝から掃除、買い物などなど、率先して働き始めたばかりか、店が忙しくなると、勝手に客の座敷に上がりこんで座を取りもつなどの幇間の真似事も始めます。その絶妙な応対力、唄や踊りにも長けていたので、たちまちのうちに人気者になるのでした。

ここで私は、佐平次が、悩みを抱えた遊女や従業員の相談相手になるという演出を入れ、大店の主までもが悩み事を持ち込んでその指示を仰ぎ、やがては布団部屋で相談料まで取って「トラブルバスター」になる……というデフォルメを加えています。

いつの間にか店にとってはかけがえのない存在になった佐平次は、店の給金（固定給）だけで生活をしている若い衆にしてみれば、目の上のたんこぶで面白くありません。本来、自分がもらえるはずの祝儀なども、佐平次が受け取ることが多くなって、もらえなくなってしまったために、佐平次を追い出して欲しいと主人に訴え出ます。

遊郭の主人は佐平次に、勘定はしなくてもよいから帰るように言います。ここで私は、佐平次が実は主人の裏の顔を知っていて、それをネタに強請（ゆすり）を働いているという設定にしています。主人は真っ青になって、佐平次に裏金を渡し、届いたばかりの新しい着物を身に付けさせて、店の若い衆に見送りまでさせようとします。しかも、表玄関から丁重に帰そうとするのに、さすがに若い衆が怒り出します。

「いくら旦那でも私は怒りますよ。こんなヤツを表から帰すことはありません。裏から帰しましょう」と言うと、主人は「バカ野郎、こんなヤツに裏を返されたらたまったもんじゃない」と返答します。「裏を返す」とは吉原用語で、「再び店に上がる」ことを意味します。二度目が「裏を返す」、三度目からは「馴染み」になると言います。

ここでは、談志の秀逸なオチをそのまま引用していますが、要するに佐平次は、ただの幇間的な立ち位置に留まるのではなく、闇を抱える遊郭の周囲でうごめく人たちの心の隙間に入り込むカウンセラー、もしくはコンサルタント的な存在にまでなっている感じでしょうか。

どんな世の中になっても周囲から必要とされる人間になれれば、絶対食いっぱぐれはない、というわけです。清濁併せ飲むの気味はありますが、かような前向きな考え方こそ、これから先のますます不確実な世の中を生きるヒントになるのではという、落語家である私からの提案を込めてみた格好です。

固定給を中心に生活をしている若い衆が、組織に「包摂」されたままの従来型サラリーマンだとすれば、そんなしがらみを超越するかのように、自由闊達に相手の懐に入り込んで、気が付くとニコニコ生活しているのが理想のフリーランスではないかと、対比できるかもしれません。

佐平次にしてみれば、身分の安定はしがらみに過ぎないのかもしれません。

確かに現在の若者たちは、このコロナ禍での大変さもあり、**「正社員」**に憧れている気風があるのでしょうが、やはりそうは言っても「ワーケーション」というスタイルが渇望されているあたり、「自由にお金を稼ぎたい」というのが偽らざる本音なのではないでしょうか。

注釈・的場スコープ「正社員」

一九九〇年代に「フリーター」という言葉が生まれ、そのころは盛んに「自由に職業を選ぶ時代だ」と言われました。そうした人々は、現在、五〇代になっていますが、多くは低賃金の非正規労働者のままです。それはなぜか。彼らの〞自由〟というのは、エリートや技術労働者の自由な労働移動ではないからです。単純作業を行なう肉体労働者などは、職場を変われば変わるほど賃金が下がり、最後は生活保護者となりかねません。だから、一般的に人は、正社員、もっといえば定職につき、生活を安定させたいのです。

落語「居残り佐平次」をモチーフとした映画が『幕末太陽傳』（一九五七年・川島雄三監督）です。時代はタイトル通り幕末。さまざまな価値観が一気に変わろうとしている空気感が満載の状況で天衣無縫に振る舞うフランキー堺演じる佐平次の言動には、「未来を変えてくれるのでは」という期待感が満ち溢れていて、何度観てもワクワクしてくる映画であります。

談志の「居残り佐平次」も徹底的に明るくお茶目な側面と、それとは正反対の脅しも効かせて相手を詭弁でねじ伏せる怖い側面があり、まさに談志の面目躍如、持ち前のキャラが全開する十八番でありました。

この落語は「カンフル剤」ではないかと私は信じています。実際、大学時代、試験勉強などで悩んでいたころに、談志の佐平次に救われたものでありました。芸人の「かわいさ」と「怖さ」との二律背反を表現できる数少ない落語なのかもしれません。

先日、とある精神分析の専門家が「江戸時代に比べると、現代はその一〇〇倍もの情報過多な状態であり、それが原因で現代人は慢性的な鬱気質になっている」とテレビで言っていましたが、本当にその通りではないかと思っています。談志以外の落語家の中には、佐平次が「肺病を病んで、転地療法のために品川に来ている」という設定で演じるケースがあります。「どんな状況でも恐れない」。すべてを受け入れて前向きに立ち向かう彼にとっては、「現実が事実」であり、「評価は他人が決める」という談志の定義通りに振る舞います。つまり、目の前の現実を否定しようとするのではなく、一旦は受け入れて、そこで活路を見出そうとします。佐平次は「置かれた場所で咲こう」としている花なのです。この爽快さは、聞くお客様にとっても、演じる落語家にとっても麻薬でありますす。無論、麻薬なんてやったことはありません。

こんな生き方を実生活にコンプリートすることなどできませんが、佐平次を少しだけ見習って、当たり前の「環境」に「包摂」されないようにしたいものですな。

終章とあとがき

新型コロナはあらゆる価値観を変えてくれた

二〇二二年一月二四日、新型コロナウィルスに感染していたことが判明しました。その前日から発熱があったものの、体調はさほど悪くはなかったのですが、地元の保健所に連絡すると「念のためＰＣＲ検査を」と言われてしまいました。近所のクリニックのホームページにアクセスしたのですが、予約でいっぱいでした。

が、ここで引き下がるようならば談志の弟子ではありません。開院一五分前からあえて辛そうな素振りで待つという無茶を思いつき、こともあろうにそれを実践すると、見るに見かねたそこの先生にむりやりねじ込んでもらう格好で、検査にありつけました。

そして午後になって陽性と、判明しました。

あの時は率直に言って「なぜ、自分が?!」という気持ちでした。

マスクは不織布を二重にし、手洗いは場所を変えるたびに励行し、除菌ジェルは必携で、電車のつり革はハンカチで握っていたほどだったのです。

ただ、振り返ると、その月は毎年恒例の「国立演芸場独演会」があり、それだけでも結構なストレスでしたが、翌日、前年の一一月に入門した新弟子から「やめさせていただきます」との申し出がありました。

折しも二〇二二年の四月から「パワハラ防止法」が全業種に向けて施行されることもあり、「徒弟制度はパワハラではないのか」という論調でプレジデントオンラインに寄稿しようと思っていた矢先でした。

この弟子は新潟から来た二八歳の若者で、彼が入門希望を打ち明けて来たのは、コロナ流行が真っ最中の二〇二〇年一一月の横浜関内独演会終了後に企画したサイン会でのことでした。

その後、連絡先を交換し、履歴書と「なぜ落語家として私を選んだのか」の小論文を課題として提出してもらったのですが、送られて来た文章に目を通すと、プロレスラーを志すなどさまざまなことを経験しながら、青春の最後にたどり着いたのが私の落語だったようで、意志の固さを感じたものでした。

とはいうものの、そのころからますます悪化する感染状況も踏まえ、「あと一年待ったほうがいい」と伝えました。

あのころは、落語の仕事も対前年比八割減の状況でありました。弟子として入門したとしても、落語会の数も少なく、少しでもこの状況が緩和されてからのほうがよいということと、何より彼の本心を一年かけて試すという含みもあったのです。

一年後、彼は「やはり落語家になりたい」と改めて訴えて来ました。

かような経緯で入門したものですから、その覚悟は本物と見込み、彼の直接的なコーチ役を担う前座さん各位には「厳しく教えてあげてね」と依頼していました。

談志が亡くなった時に、二つ目だった弟弟子の立川平林(たてかわひらりん)を預かり、真打ちに昇進させ、御役目御免となっていましたので、直接の新弟子は私にとっては彼が初めてでもあり、思い入れは人一倍ありました。

だからこそ、やめると言われた時には相当なるショックでもありました。「弟子にやめられると師匠は辛いものだよ」というのは、いろんな先輩方から伝え聞いていたことですが、自分も同じ境遇に置かれて完全に同意したものです。

そして、それだけではなく、あのころの私は、最初に書いた本『大事なことはすべて立川談志に教わった』（ベストセラーズ）の映画化を前提としたシナリオを完成させたり、新刊『武器としての落語』（方丈社）の原稿準備があったりと、落語以外に作家活動も立て込み、じわじわと睡眠不足による疲れがたまっていたのでしょう。

そんな身も心も忙殺され、免疫力も低下する中、かの疫病は私をターゲットにしたのです。

正直、自分がコロナに感染する前は、「感染するのは気の緩みだ」とさえ思っていました。さらに、感染した人は被害者であるにもかかわらず、最前述べたように、予防策を徹底していた自分にとっては、罪なき人を感染させる可能性のある「加害者」であるとさえ感じていたものです。

とはいえ、いざ自分が感染し、そして妻と長男にも感染させてしまう加害者になってみると、感染前に抱いていたもろもろの「価値観」というものが実はとても浅はかで、一方的ではなかったのかと反省しました。

自宅療養の一〇日間は、そういう意味でいうと、五六歳にして「学び直し」「考え直し」のチャンスをいただけた日々でもありました。

そんな時、コロナ後遺症にテキメンの効果を発揮するBスポット治療の名医・今井一彰先生から一冊の本をご紹介いただきました。

それが『思いがけず利他』（中島岳志著・ミシマ社）でした。

感染の症状が軽かったからこそなのですが、むさぼるように読みました。とりわけ惹かれたのが「イラク人質事件と自己責任論」の箇所でした。

それまでの私は、どちらかというと自己責任を声高にこそ主張していませんでしたが、コロナにまつわることをはじめ、「たいていの問題は自力でクリアできる」という考え方に比重を置いていました。他罰的ではないにしても、自分さえしっかりしていれば物事の大半はクリアできるはずという受け止め方をして、ここまで来たタイプの人間でありました。中島さんの言葉を借りれば、「自分が『その人であった可能性』に対する想像力が（いくぶん）欠如していた」感じでしょうか。

コロナに感染した人は、もしかしたら、私の身代わりに感染してくれた人だったのかもしれません。

談志はよく「死ぬのも生きるのも、紙一重だ」と言っていました。

前座時代に付き合っていた彼女を亡くしたことを知った談志は、優しくこの言葉を私に掛けてくれたものでした。コロナウィルスとの格闘中、改めてこの言葉を噛みしめていました。

「いつ自分が『向こう側』に行ってしまうのかもわからない紙一重」

実際、重篤な病状をもたらすデルタ株に感染した同い年の大学時代の友人は、それが元でこの世を去りました。彼は私の「身代わり」だったのかもしれません。人生は「紙一重」なのです。

生きている人も、亡くなった人も「紙一重」ならば、「加害者」になるのも「被害者」になるのも「紙一重」なのかもしれません。目を覆いたくなるような事件や事故の報道に接した時に、加害者側をつい罵倒しがちになりますが、「もし自分も犯人や当事者と同じ境遇だったら」と「向こう側」から見つめると、自分を制御できていたかどうか、確信は持てなくなります。

無論これは、だからと言って加害者を許してあげようというのではありません。状況が変わればいつ「向こう側」に行くかわからないということであって、現代は、それほど複雑な時代であるということです。

瞬きほどの紙一重なバタフライエフェクトが、まったく違った甚大な結果をもたらす。それほど現在の世の中はセンシティブなのです。

そんな思いを抱きながら、本書『落語で資本論』に挑み始めたのは、体調もすっかり回復した夏ごろからでした。

当時を振り返り、コロナ禍持続化給付金を支給してもらうことで救われてきた元コロナ患者の落語家からしてみれば、自分がいまなんとか落語家と作家の両輪で家族を養い、住宅ローンを払えているのは、「たまたまラッキーなだけなんだよなあ〜」としみじみ感じ入ったことが、この本を書くに当たっての大きな原動力になりました。

運、不運を含めた「紙一重」ほどの差で、天と地ほどの隔絶にもなりかねない危うさを抱えることになってしまった我々の社会。その原因は、**「これは絶対大丈夫だ」と多くの人々が盲信している高度な資本主義に依拠しているから**なのではないでしょうか。それに対して「疑問」を持ち続け、改善し続けて行くのが現代人の使命なのではと考えます。

その啓蒙の際に「落語」はものすごい力になるはず。そしてそのようなアプローチこそ『資本論』のポテンシャルな魅力を訴求するのみならず、落語の「将来的な可能性」にもつながってゆくのではないのか――。

以後、思いは広がるばかりで、沸々と浮かび上がって来た落語と『資本論』との交点を探り続けて、たどり続けて来た痕跡が、まさにこの本なのです。

いやあ、我ながら面白い本ができ上がりました。

それは学生時代に『資本論』に挫折した自分のための敵討ちでもありました。

私の妄想と拡大解釈と牽強付会の強い論述に、ここまで面白がって付き合って伴走してくださったのは、担当編集者の日本実業出版社の松本幹太さんでした。松本さんとは同世代で野球好きということもあり、何度も酒を酌み交わし、いずれ出版されるはずのまだ見ぬ『落語で資本論』に夢を馳せ続けたものですが、考え方が一致したのは、「『資本論』を共産党と新左翼だけの聖典にはさせたくはない。組織や思想などに塗り固められていない我々庶民のものとして奪還させましょう」という点でした。

ここまでお読みいただいた方ならおわかりですが、私は**「左翼でもなく右翼でもなく仲良く」**を標榜しています。地元・南浦和などの自民党支持者にも友人は多く、革新政党の議員さんとも懇意にしています。談志の自宅にあった某右翼団体のTシャツと中核派のヘルメットが象徴するように、談志は極右的な思想を持ちながらも、「俺たちは昭和天皇に騙された」とマクラでも堂々宣言していました。

芸のみならず、かような柔軟な考え方も受け継いでいると自負しています。

こういう考え方ができるようになったのも、いや、もっと言うと、そもそも落語の才能的には劣っているはずの私でも、なんとか落語家として、そしてたまたまではありますが作家として禄を食む僥倖に恵まれているのは、**「落語界はある意味、社会主義的」**だからではないかと感じています。落語家以外のお笑い芸人さんが、まさに過酷な「競争原理」の働く資本主義下で生きているのと対照的です。

「お笑い芸人的資本主義」社会では、トーナメントの勝者がテレビを席巻し、その人気をほしいままにしています。

一方、落語家は、まず地道に前座からスタートし、技芸を師匠に認めてもらうことでコツコツ積み上げて二つ目、真打ちに昇進していくことで、売れる・売れないはともかくも、誰にでもそのチャンスは公平にやって来ます。ポカスカジャンの大久保さんが「落語家さんは芸人の中の公務員だ」と言ったのは、そのあたりを指してのことでしょう。

そして、日本の話芸・お笑い芸能界の懐が深いのは、「お笑い芸人的資本主義」と「落語家的社会主義」とが並立しながら、共存している点、つまりは「共同体」だからではないかと確信しています。

談志はいわばその両方の交点であり、そして頂点に屹立する存在でもありました。「社会主義的」落語界から飛び出す形で、その理論を先鋭化させた立川流を自ら率いながらも、「資本主義」でしのぎを削るお笑い芸人界からも憧れであり続けていた人は、談志だけでありました。

つまり、談志こそ、資本主義と社会主義との融和をもたらすキューピッドだったのではないでしょうか？

そんな談志が、晩年、警句のように言っていた「動物は同類で殺し合ったりしないだろ。人間は金儲けのために殺し合うばかりではなく、アマゾンの森林まで切り刻もうとしている」「落語はいいぞ、人を殺さないから」「地球もそろそろおしまい」といった毒舌や名言も、まさにマルクスが晩年に訴えていた将来社会への予言と同じようなものだったのではないでしょうか。

「マルクスは資本主義の元で囲い込まれ、独占所有されてきた『富』を人々が『アソシエーション』で取り戻し、生産者レベルで共同所有・管理してゆくことを構想していた」とは、斎藤幸平監修『マンガでわかる！マルクス「資本論」に脱成長のヒントを学ぶ』(宝島社)にも記されています。

そして、これもかなり大切なことですが、落語も『資本論』もともに「完成されていない」という点です。マルクスは『資本論』第二巻を書いている途中に亡くなりました。彼の盟友でありスポンサーでもあったエンゲルスが、その遺志を受け継ぎ完成させたものので、決してマルクス一人が完結させて世に問うた作品ではありません。

落語も、談志が理論化し、実践的なアプローチにまで至りましたが、その談志ですら

「俺の理論はあくまでも仮説にすぎない。俺を凌駕するものがあったらいつでも受け付ける」とまで言い切った「未完成」そのものであります。

「未完成」だからこそ、いま東京、大阪合わせて一〇〇〇人にも達した落語家が、それぞれの価値観を有限な古典落語に投入して独自の解釈を世に問いながら切磋琢磨しています。

ましてや、『資本論』であぶり出された資本主義など、決して完璧なものであるはずはありません（以下は「あとがき」モードです）。

そんなことを考えていた時に、読売新聞のコラム「編集手帳」に出くわしました（二〇二二年一一月一八日付）。

そこには、フランス映画『天井桟敷の人々』の脚本やシャンソン「枯葉」の詞で知られるジャック・プレヴェールの書いた「なくした時間」という詩の中の一節**「労働者が工場の門前にふと立ち止まり、つぶやく『なあ　太陽くん／じっさいくだらねえと／思わんかい／こんないい一日を／まるまる経営者(おやじ)にくれちまうのがさ』」**（小笠原豊樹訳『プレヴェール詩集』岩波文庫）が記されていました。

このコラムでは、詩の引用に続いて、「働きながら流れゆく時間は誰のものか？」との疑問を述べ、買収によってツイッター社の社長に就任したイーロン・マスク氏が従業員一人ひとりに送ったとされる「この世界で成功するには高い強度で長時間働く必要がある。並外れた実績のみが合格点だ」という言葉を挙げていました。

私は改めて痛感しました。

最先端のIT業界の雄と言えるような会社であっても、買収されて経営者が代わるといったことで、従業員の半数が解雇されてしまう。これは、マルクスが労働者の窮状を訴えた大昔の状況と、一体どこがどう違うというのでしょうか。

落語家が、現代にも、そして未来にも通用する落語を求めて、必死で芸を磨き、アレンジを加えていくのと同じように、資本主義システムに組み込まれて生きていかざるを得ない我々も、この無条件に稼働しているかに見える「循環装置」（わかりやすく言うと、人間にはどうすることもできない大自然のメカニズムのように、抗うことさえ不可能に見えるこの資本主義的システム）に、ささやかながらも疑問を持って挑み続けていくべきなのでしょう。

それこそが「未完成」なものに対する姿勢なのではと信じています。

それが落語と『資本論』という最高級の未完の財産に対する正しい姿勢なのです。

大事なことだからやはり繰り返します。

すべては疑いうる。落語も『資本論』も。

それぞれの立場で、それぞれが永遠に唱え続けましょう。

マルクスも言っています。

「各人はその能力に応じて、各人にはその必要に応じて！」と。

「奪い合うのではなく、分け合う社会」となりますように。

ここまでお読みいただき、本当にありがとうございました。

もう読者の皆様とは、同じ「仮想共同体」にいるような感覚でいます。できましたら、皆さんのお力で本書を多方面にお勧めいただき、この「仮想共同体」をどんどん広めて行きましょう。

最後になりましたが、編集の松本幹太さん、監修・解説を快く引き受けてくださったばかりではなく、落語家の思い付きに呆れ果てながらも専門家の立場から補助線（的場スコープ）を引いてくださったマルクス学者の的場昭弘先生、そして、天国の師匠談志とマルクス翁、さらに愛する家族に厚く御礼申し上げます。

二〇二三（令和五）年六月

落語立川流真打ち　立川談慶拝

参考書籍

マルクス『資本論』第一巻、第二巻（第二巻はエンゲルス編、向坂逸郎訳・岩波文庫）

的場昭弘『超訳「資本論」』全三巻（祥伝社新書）

的場昭弘『マルクスを再読する』（角川ソフィア文庫）

的場昭弘『とっさのマルクス』（幻冬舎）

池上彰『池上彰の講義の時間　高校生からわかる「資本論」』（集英社）

池上彰×佐藤優『希望の資本論』（朝日文庫）

斎藤幸平監修『マンガでわかるマルクス「資本論」に脱成長のヒントを学ぶ』（宝島社）

斎藤幸平『ゼロからの「資本論」』（ＮＨＫ出版新書）

斎藤幸平『人新世の「資本論」』（集英社新書）

斎藤幸平「『資本論』のエコロジーから考えるマルクスとエンゲルスの知的関係（「季刊経済理論」第53巻第4号、二〇一七年三月）

ダヴィッド・スミス、フィル・エバンス『FOR BEGINNERS 資本論』（小阪修平訳・現代書館）

エドワルド・リウス『FOR BEGINNERSマルクス』（小阪修平訳・現代書館）

宮沢章夫『「資本論」も読む』（幻冬舎文庫）

許成準『超訳資本論』（彩図社）

『あらすじとイラストでわかる資本論』（文庫ぎんが堂）
不破哲三『マルクスは生きている』（平凡社新書）

触発された音楽

アナーキー「タレントロボット」
怒髪天「労働ＣＡＬＬＩＮＧ」
ニューロティカ「五十の夜」

※本文中の『資本論』からの引用は、上記の岩波文庫版をベースに、各種の入門書をはじめ、インターネットで閲覧したものも参照しつつ、文章の一部を改変している場合があります。

解説

落語で『資本論』？

的場昭弘

『落語で資本論』。なるほどこれは面白い企画だ。書き手は落語家の立川談慶さんという。およそ五年前、当時勤めていた神奈川大学の国際センターの所長室で、談慶さんとお会いすることになりました。

談慶さんは、名前に慶應の慶がついているように、慶應義塾大学それも経済学部出身、さらにマルクス経済学のゼミの出身ということでした。ということは私の後輩にあたります。その談慶さんが、『資本論』に関する本を書きたい。なるほど。『資本論』は読み終えるのはとても無理、それどころか読み始めるのさえも難しい本ですから、落語家が本当に書けるのかと思っていたのですが、なるほど『資本論』を学んだことがあったわけです。

そしてできあがったのがこの本ですが、私は原稿をもらって、それを読みとても悩みました。落語のネタが『資本論』に直結していないからではありません。落語のネタには、いまの資本主義を分析するに十分なネタがたくさんあることは私も知っています。

何を悩んだかというと、マルクスの『資本論』ではなく、談慶さんの『資本論』、言い換えれば師匠の立川談志の『資本論』だったからです。談慶さんが尊敬してやまない談志師匠は、頭の回転がすこぶる速く、この世界の表と裏を見抜き、軽妙なたとえやしゃれで、面白おかしく世間を批判する。それがマルクスと似ていると、談慶さんは言うのです。そして師匠よろしく、談慶流に『資本論』をぶった切る。

しかし、談慶さんの『資本論』なら、『資本論』をどれほど逸脱しようとも、マルクスと直接関係ないので、なんの問題もありません。とはいえ、談慶さんは『資本論』の入門を意図されたようで、談慶さんの『資本論』というわけでもないというのです。ここが、私が悩んだところです。専門家として、これを認めるべきかそうでないか。専門的にいえば、江戸時代は資本主義の時代ではありません。まったく別の時代の話をそのまま、現代に適用することなどできません。

江戸時代は資本主義の時代ではない

落語の世界は、江戸の長屋の世界。面白い話がたくさんある。面と向かって言えないことを、落語で表現すれば、お上も責めるわけにはいかない。厳しい封建的身分制度の中でたまった不満を、落語のネタで晴らしていた。まさにそうした世界です。

しかし厳密には、江戸時代はマルクスが対象とした資本主義の時代とは言えません。資本主義以前の時代です。商業社会で、貨幣経済の社会ではあるのですが、飽くなき利潤を追求するための制度設定、意識形成がなされていないこともあり、多くの人々が利潤追求のためにあくせくしていた時代ではありません。

なるほどテレビドラマの時代劇は、現代風にアレンジしてあるので、『水戸黄門』を見ても、悪代官、悪徳商人は、小判を前にしてニタニタして、「もっと小判を」と喜んでいます。飽くなき利潤追求と言いたいところですが、現実にはありえません。小判を投資して増やそうにも、そうした場所もありませんし、それをするにも許可が要ります。贅沢な家に住もうにも、大名の許しを請わねばなりません。江戸の商人は、現代の資本家ではないのです。

また、この時代に職人、丁稚、親方などはいても、いわゆる賃労働者である労働者はいない。そうなると、その世界は資本主義の世界とまったく違った論理で動いていることになります。

だから落語に出てくる登場人物、たとえば与太郎は、大工の職人ではあっても労働者ではない。「宵越しの金は持たない」という啖呵は、労働者では切れないのですが、与太郎なら切れる。落語の話の一部を切り出せば、資本主義の話として説明できる部分もありますが、全体としてこの時代の話をそのまま持ってくることには無理があります。

裏読みとしての『資本論』

そう考えながら読むと、これは『資本論』の入門にはならないわけです。しかし、そのうち『資本論』の〝裏読み〟としての入門ならばどうだろうという気がしてきました。

私は以前、「一週間de資本論」というNHKのEテレの番組で解説をやったことがあるのですが、そこで至極まっとうな説明をしてストレスがたまったので、それを本にするときには、〝裏読み〟で書けないかとNHK出版の方に打診し、「裏読み『資本論』」としてそれを出版しました。

〝裏読み〟とは、勝手な読みをするという意味ではありません。マルクスは、『資本論』第一巻の中にとても多くの注を付けています。その注の中にはとても長いものもあり、本文で説いたことを逆さまにして、それとは違うことを述べて、本文の単調さに彩りを添えているのです。

〝裏読み〟とは、この注のほうから本文を見てみるという読みなのです。資本家は徹底した金の亡者だと言いながら、資本家の中には金ではなく、ものに興味がある資本家もいるよといった具合に、本文を打ち消すような注を入れて、一筋縄ではいかない資本主義の実態を説明するのです。

談慶さんの筆致は〝裏読み〟ではないか。そう考えると、悩みもなんとか解消しました。この本は、江戸時代の談慶さんが、突然現代の東京に出てきて、資本主義社会のとにかく忙しい世界を見るという本なのです。江戸時代がイヤで、飛び出してきたのですが、かといって江戸時代よりもいいとは思えない資本主義を見ながら、昔の長屋の世界を思い返しているとでも言ったらいいわけです。

ロマン主義的読解？

ロマン主義者という言葉があります。一九世紀の前半、マルクスが幼少のころに流行っていた思想で、戦争で荒廃した街を眺めながら、昔は良かったと考える人たちをロマン主義者といいます。マルクス自身、そのロマン派の牙城・ボン大学に入り、彼自身も詩人になろうとします。やがてロマン主義の熱も冷めていくのですが、現実の社会に義憤を感じる若者の多くが、このロマン主義の体験をしたものです。

ロマン主義は未来に向かわず、過去に向かう。それが特徴です。そうした意味で、社会主義者や共産主義者の中にも、ロマン主義者が数多くいました。「資本主義は昔の良いものをすべて壊した」「過去へ戻れ」と主張したわけです。

マルクスはそうした人々を『共産党宣言』の中で、「封建的社会主義者」「小市民的社会主義者」と呼んでいます。その典型がシスモンディ（一七七三－一八四二）やプルードン（一八〇九－六五）という人物です。彼らは一九世紀前半に現れた経済学者であり、一九世紀の目まぐるしく移り変わる世界に対し、一八世紀の時代をなつかしんだ。

マルクス自身はロマン主義者を脱皮していますので、一昔前のことを理想とするような人々を批判しましたが、彼の中にロマン主義がまったくないわけではありません。未来は、過去とまったく縁を切ることができない以上、過去が未来に形を変えて出現する。『ルイ・ボナパルトのブリュメール一八日』の冒頭に引用されたバルザックの『シャベール大佐』の中の言葉がそれを表わしています。「死せる、あらゆる世代の伝統は、生きているものの額の上に、悪夢のようにのしかかる」。朝には釣り、昼には読書といった共産主義社会の理想像ですら、ある意味、過ぎ去った時代の、とりわけ貴族の生活の記憶が、投影されています。

ロマンチストの談慶さん

江戸時代から来た談慶さんはロマンチストである。なるほど、昔に戻りたくはないと言い聞かせながら、いつのまにか、また江戸時代の世界を思い出し、いまの世界に愚痴を言っている。もっとのんびり行こう、あくせくしてもしょうがない、と。

もちろん談慶さんは落語家であって、労働者ではないのです。落語家というのは専門職でしょうか。江戸時代では職人に近いと言えます。だから技術をみがくために、前座として九年半も修業する。賃労働者と違って、自分の力で生きている。だから、のんびり行こうとも言えるのです。いわば自由業だからです。

毎日会社勤めをしている賃労働者に向かって、『男はつらいよ』の寅さんのように、「プロレタリア諸君、元気かい」とからかうこともできる。そうするとタコ社長が「中小企業って大変なんだよ、寅さん」と返して、喧嘩をする。

寅さんはテキ屋という自由業だから、資本主義は労働の尊さを失ったと悲しむことができます。しかし、一方で自分はルンペンプロレタリアートのような、半失業者に近いことも知っている。仕事が入らない時には、まったく一銭も入らないからです。それを知りつつ、つい真面目な賃労働者をからかってみたくなる。それが専門職の特権とも言えます。

私のような研究者も、談慶さんのような落語家も、資本主義を批判しながら、資本主義の利点のお世話になっているし、またその厳しさもよく知っています。ただ、資本主義にとって、実はこうした専門職の人々は、主流ではないのです。また労働者の中には、労働者と言えないような中産階級になった人々がいました。とりわけ多くの人が中産階級意識を謳歌していた一九八〇年代後半には、「一億総中産階級社会」などと呼ばれた時代もありましたが、いまや後進諸国にお株を奪われ、賃金は下がり、中産階級だと胸を張って言える人々は減っています。

しかし、逆にそういう時代だからこそ、賃労働者のようにあくせくする必要はない、自由な人間になってみないかと揺さぶりをかけたくなる気もします。江戸の落語の世界から見ると、昔の長屋がなんとなつかしく見えるでしょうか。また、その共同体の世界を「未来の共同体」だと考えたくなるのもわかります。

資本主義の物象化した世界の先に、江戸の長屋の世界があると考えることは、決して間違いではないのです。なぜなら、ある一貫した本来の人間の姿を求めたい気持ちが、あるわけです。しかし、それはもう戻ってこない。それを破壊したのは資本主義で、いまもどんどん破壊しているのです。

真の人間像を求めて

談慶さんは、現代の東京を見ながら、江戸時代の社会に戻れないことは百も承知のはずです。しかし、江戸の社会にあったものが、我々の心の中に伝統としてあり続けていることも確かです。彼はそれを揺り動かしたいのです。

『資本論』の入門のはずが、結局『資本論』を読んで談慶さんが感じたままを述べる本になってしまったことは、かえってよかったのではないかと思います。なにしろ入門書ならほかにも五万とある。

言ってみれば、これは落語家・立川談慶が『資本論』を読んで感じるままに書いた書物である。いやそれでいいのです。「蛇の道は蛇」という言葉があるように、落語家は落語家たるべしなのです。

監修・解説　的場昭弘（まとば　あきひろ）
日本を代表するマルクス研究者、哲学者。マルクス学、社会思想史専攻。1952年、宮崎県生まれ。元神奈川大学経済学部教授（2023年定年退職）。同大で副学長、国際センター所長などを歴任。著書に『超訳「資本論」』全３巻（祥伝社新書）、『未来のプルードン』（亜紀書房）、『カール・マルクス入門』（作品社）、『「19世紀」でわかる世界史講義』『最強の思考法「抽象化する力」の講義』（以上、日本実業出版社）、『20歳の自分に教えたい資本論』『資本主義全史』（ＳＢ新書）、『一週間de資本論』（NHK出版）、『マルクスだったらこう考える』『ネオ共産主義論』（以上、光文社新書）、『マルクスを再読する』（角川ソフィア文庫）、『いまこそ「社会主義」』（池上彰氏との共著・朝日新書）、『復権するマルクス』（佐藤優氏との共著・角川新書）。訳書にカール・マルクス『新訳 共産党宣言』『新訳　初期マルクス』『新訳　哲学の貧困』（以上、作品社）、ジャック・アタリ『世界精神マルクス』（藤原書店）など多数。

立川談慶（たてかわ　だんけい）
落語家。立川流真打ち。1965年、長野県上田市生まれ。慶應義塾大学経済学部でマルクス経済学を専攻。卒業後、株式会社ワコールで３年間の勤務を経て、1991年に立川談志18番目の弟子として入門。前座名は「立川ワコール」。二つ目昇進を機に2000年、「立川談慶」を命名。2005年、真打ちに昇進。慶應義塾大学卒で初めての真打ちとなる。
著書に『教養としての落語』（サンマーク出版）、『なぜ与太郎は頭のいい人よりうまくいくのか』（日本実業出版社）、『いつも同じお題なのに、なぜ落語家の話は面白いのか』（大和書房）、『大事なことはすべて立川談志に教わった』（ベストセラーズ）、『「めんどうくさい人」の接し方、かわし方』（ＰＨＰ文庫）、小説家デビュー作となった『花は咲けども噺せども 神様がくれた高座』（ＰＨＰ文芸文庫）など多数の“本書く派”落語家にして、ベンチプレスで100kgを挙上する怪力。

落語で資本論　世知辛い資本主義社会のいなし方

2023年８月１日　初版発行

著　者　立川談慶
発行者　杉本淳一

発行所　株式会社日本実業出版社　東京都新宿区市谷本村町３−29 〒162-0845

編集部　☎03-3268-5651
営業部　☎03-3268-5161　振　替　00170-1-25349
https://www.njg.co.jp/

印刷・製本／三晃印刷

ISBN 978-4-534-06031-0　Printed in JAPAN